誤解だらけの京都の真実

八幡和郎
YAWATA, Kazuo

イースト新書
076

はじめに

『京都ぎらい』（井上章一《いのうえしょういち》氏著、朝日《あさひ》新書）という本が売れていると聞いて、はじめは信じられませんでした。京都本は売れないのが出版界の常識ですし、ほぼ同世代で京都にゆかりがある私にとって、井上氏はまったく知らぬ仲でもありません。

パリに駐在していたときに「ヨーロッパにおける日本文化の受容」というテーマの研究で京都からやってきた井上氏のために、そのころパリに初めてできたカラオケ店でフランス人の女の子を集めたパーティーを開いたこともあります。井上氏は、なんと「セクシーだ」とパリジェンヌたちに大人気でした。

彼の斜交《はすか》いの京都論はおもしろいですし、鋭いとはいうものの、私にとっては四〇年近く聞いてきましたし、とくに目新しいわけではありません。にもかかわらず、この本が売れて二〇一六（平成二八）年の新書大賞まで取ったというのは、京都を知ることが日本人にとって有益であるとか、少し生き方を考え直すのに役立つと思われるようになったことの反映ならうれしいことです。

本書では斜に構えることで本来なら論じにくい問題に切り込み、余韻を感じさせる井上流の議論と少し違う、もう少し「なぜ?」と分析的に考え、どう役立つかも意識した実用的な京都論を展開してみたいと思います。京都人が普通の日本人とはひと味違うことを示すさまざまなエピソードは、それを知っても笑っておしまいです。本書は「知って得する」「実践しないと損する」ような知恵を紹介しています。

三方を山に囲まれた「千年の都」としての京都という町には不思議な力が宿っています。風水学によって選ばれたなどというのはウソですが、青竜《せいりょう》、白虎《びゃっこ》、朱雀《すざく》、玄《げん》武《ぶ》の四神相応《しじんそうおう》の地という、中国でも都として理想の立地だとされたこの地に来れば、行きづまったときでもいい知恵が湧いてくるという人は多くいます。

松下《まつした》電器産業（現・パナソニック）の創業者・松下幸之助《こうのすけ》もそのひとりで、商売をするのは大阪でも、ときに京都で思索にふけることを大事にしました。日本人ノーベル賞受賞者二五人のうち一四人がなにがしか京都と縁がありますし、京都学派の学者のほか、京《きょう》セラの稲盛和夫《いなもりかずお》氏や堀場《ほりば》製作所の故・堀場雅夫《まさお》氏のように日本の混迷を救う知恵を求められる経済人も多くいます。

といっても、京都人が日本人離れしているわけではありません。何しろ千年も都であり、日本文化の正統派を代表している都市なのです。むしろ現在の日本で支配的な「東京の常識」というものが日本人の幅広い可能性を封じ込めているのであり、そこから自由になることが現在の混迷と危機から日本が脱出するために不可欠であり、京都という町に息づいている知恵や流儀を活用することが有益であると思うのです。

ここで「日本の常識」と対比している「京都の流儀」は、家族や友人との関係を含む人間関係や人生についてのものからビジネスに関するもの、より一般的な政治や文化にかかわるものまで幅広いもので、その点が観光地として京都のおもしろさを際立たせた類書とは印象が違うものです。

この本は井上氏の著作との関係でいうと、どちらを先に読んでもらってもいいようにしています。井上氏のベストセラーを先に読まれてからこの本を読んだら、「なるほど、そういうことか！」と疑問が氷解したり、彼が斜に構えて表現したことの裏側がわかったりするでしょう。

私の本を読んでから井上氏の本に移れば、私の割り切った身も蓋もない分析ではなく、ある意味で「一見さわやか、じつはネチネチ」の感覚で「京都人が京都人をディスる世界」が予備知識を持って楽しめます。ディスるというのはディスリスペクトの動詞形で、人を軽蔑する、バカにするという意味のネットスラングです。

これは一般論ですが、京都にかぎらず、「ご当地もの」を生粋《きっすい》の地元の人で、とくに外に出たことがない人に語らせると、かえって見当外れのことが多くなります。というのは、ほかの土地と比較しないで語るからです。

京都についての本にも、古い歴史的な都市ならそういうところは多いのではないかという内容のものがたくさんあります。そういう意味では、京都の人でも、外国や国内のよその土地で仕事などをしてきた人が書いた本は説得力があります。

また、私や井上氏のような「半京都人」も京都の観察者として最適です。井上氏が生まれ育った嵯峨《さが》は、ほかの地域の人にとっては京都らしい観光名所ですが、洛中《らくちゅう》の人から見たら洛外《らくがい》の農村部でしかないですし、桂川《かつらがわ》の反対側の丹波《たんば》との境界に広がる桂坂《かつらざか》の研究所に勤め、宇治《うじ》市に住んでいます。

私は滋賀県大津《おおつ》市の生まれですが、県庁所在地といっても京都に飲み込まれそうな位置です。何しろ新幹線京都駅のホームからなら滋賀県庁や大津市役所のほうが京都府庁や京都市役所より早く着いてしまいます。京都駅から大津駅までわずか一〇分で、県庁はそこから徒歩三分なのです。

便利なのはいいのですが、なんでも京都に頼ることになります。私が子どものころは奈良と並んで百貨店がない県庁所在地で、奈良にまで負けたときは本当に悔しい思いをしました。

あとでまた京都と滋賀・大津のねじれた感情については書きますが、実質的には京都市民みたいな生活をしつつ、県境という存在ゆえに京都人とは決していわれない大津人には、よそさんから見たら京都人そのものなのに、京都では必ずしもそうは認められていない嵯峨という郊外の人とはまた違った、京都への複雑な思いがあります。

私はかなりの期間にわたって東京の霞《かすみ》が関《せき》で働いていましたが、その間にいろいろなご縁があって、役所の仕事でも、研究者としての立場でも、京都のさまざまなプロジェクトにかかわる機会がありました。京都人と少し似た気位の高い人が多いパリで二度にわたって合計で五年間を過ごしました。ここ一〇年近くは京都に住んでいます。

そうしたなかで、あらためて思うのは、この町が観光都市としてすばらしいだけでなく、混迷する日本にとって、いろいろなヒントを与えてくれそうだということです。それを『京都ぎらい』でこの町に興味を持たれた方などに、別の角度から考えてもらおうというのが本書なのです。

八幡和郎《やわたかずお》

誤解だらけの京都の真実　目次

第六章　本当は日本の中心であるべき「京の都」

地図作成：大平年春（一八ページ）、小林寛子（三三ページ）
写真提供：共同通信社、京都フリー写真素材集（http://photo53.com/）

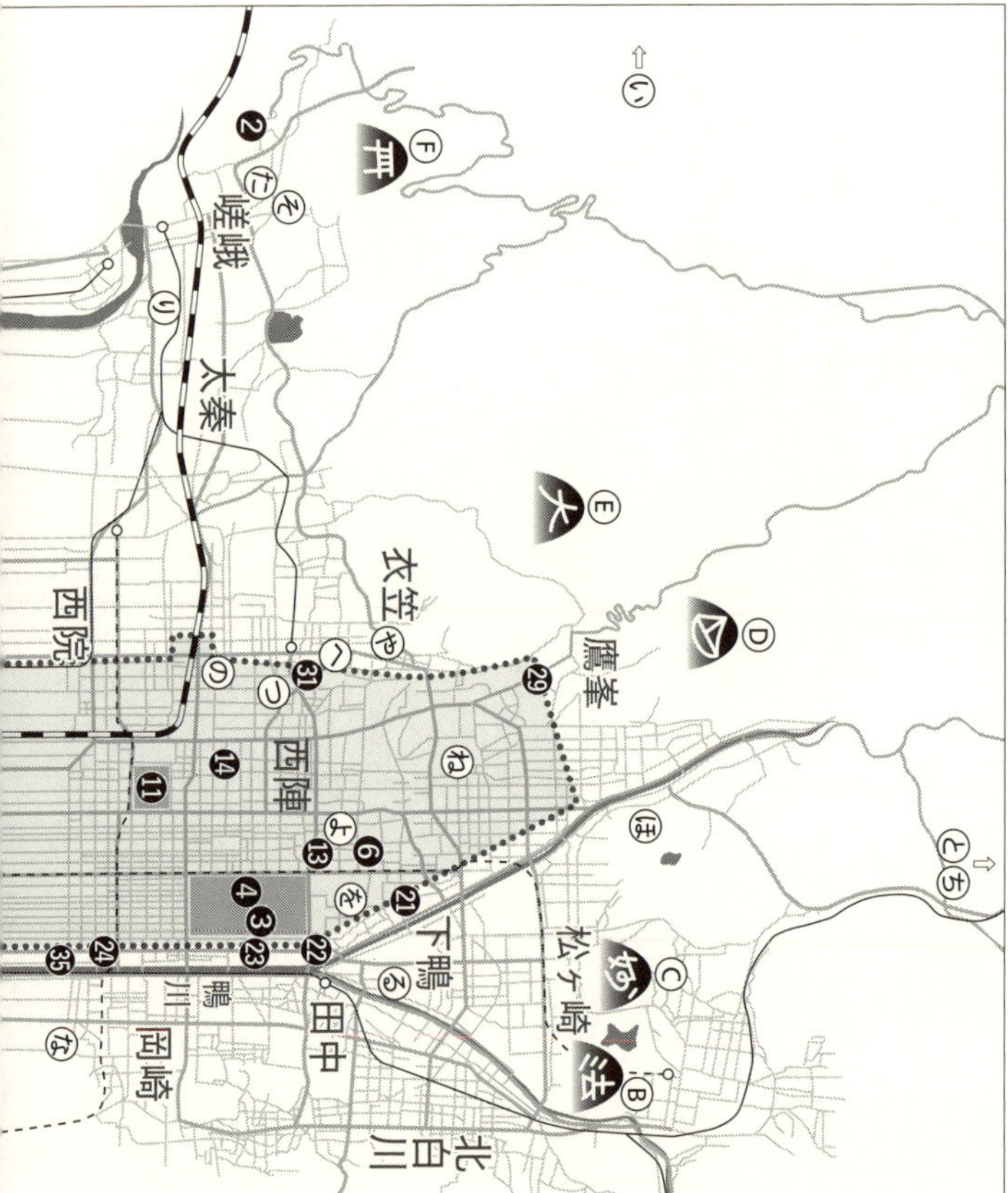
嵯峨
太秦
衣笠
西院
鷹峯
西陣
下鴨
松ケ崎
鴨川
田中
岡崎
北白川

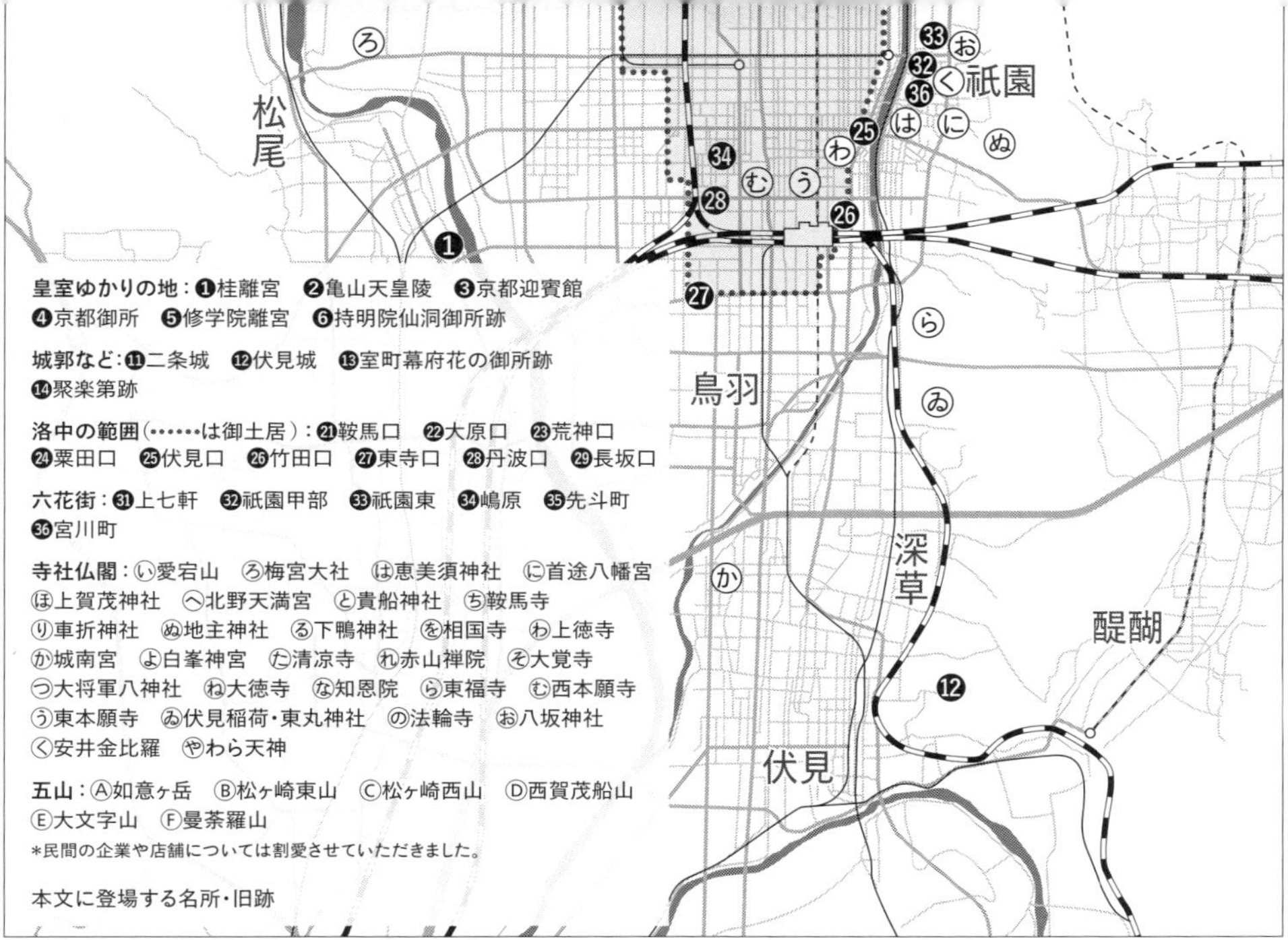
松尾
祇園
鳥羽
深草
醍醐
伏見
皇室ゆかりの地：❶桂離宮　❷亀山天皇陵　❸京都迎賓館
❹京都御所　❺修学院離宮　❻持明院仙洞御所跡
城郭など：⓫二条城　⓬伏見城　⓭室町幕府花の御所跡
⓮聚楽第跡
洛中の範囲（••••••は御土居）：㉑鞍馬口　㉒大原口　㉓荒神口
㉔粟田口　㉕伏見口　㉖竹田口　㉗東寺口　㉘丹波口　㉙長坂口
六花街：㉛上七軒　㉜祇園甲部　㉝祇園東　㉞嶋原　㉟先斗町
㊱宮川町
寺社仏閣：い愛宕山　ろ梅宮大社　は恵美須神社　に首途八幡宮
ほ上賀茂神社　へ北野天満宮　と貴船神社　ち鞍馬寺
り車折神社　ぬ地主神社　る下鴨神社　を相国寺　わ上徳寺
か城南宮　よ白峯神宮　た清凉寺　れ赤山禅院　そ大覚寺
つ大将軍八神社　ね大徳寺　な知恩院　ら東福寺　む西本願寺
う東本願寺　ゐ伏見稲荷・東丸神社　の法輪寺　お八坂神社
く安井金比羅　やわら天神
五山：Ⓐ如意ヶ岳　Ⓑ松ヶ崎東山　Ⓒ松ヶ崎西山　Ⓓ西賀茂船山
Ⓔ大文字山　Ⓕ曼荼羅山
＊民間の企業や店舗については割愛させていただきました。
本文に登場する名所・旧跡

第一章
本当は好きの裏返しにすぎない『京都ぎらい』

大阪発祥の朝日新聞的視点で描かれた本

生粋の京都人は、よく「田舎者に教えてやるぞ」という高慢な態度で自慢話をします。しかし、京都人でこの町が大きらいという人も多いようです。

亡くなった映画監督の大島渚《おおしまなぎさ》氏は「俺は比叡山《ひえいざん》から京都を見下ろして、いつかこの町を焼いてしまいたいと思ったことがある」と私にいったことがあります。ほかのところでもよく似たことをおっしゃっていたと聞きましたが、「人を古い伝統に縛りつけているこの町の魔力から抜け出したい」と思われた時期があったのでしょう。

江戸《えど》っ子《こ》たちは、その時代のエッセイや物語を見ると、京都のことは悪くばかりいうことが多かったようですが、現代の東京人は東京遷都でコンプレックスを感じる必要がなくなったせいか、この不思議な都に魅了されて手放しで賛歌を奏でる人が多いようです。

大阪人はおもしろおかしい罵詈《ばり》雑言《ぞうごん》を京都人に浴びせるのが好きです。隣に面倒くさいやつらが住んでいて不愉快といった感じです。おまけに東京人が京都のことを大阪より上だと思っているらしいのが、またまた気に食わないのです。

江戸時代から京、江戸、大坂《おおざか》のことを三都と呼んでいたようです。近代になると、一八六九（明治二）年の版籍奉還《はんせきほうかん》で三府三〇二県が成立し、東京、京都、大阪は府として特別の扱いを受けましたが、一九四三（昭和一八）年に東京都が成立して京都や大阪と違う存在になりました。

最近では大阪が「都構想」を掲げ、東京の人々に「〝都〟という言葉を使うのは許せない」ともいわれました。京都では府市合併論はさかんではありませんが、もし京都で都制を提案したら「都」という字を使うなとはいわれないでしょうが、「京都都」というのも変ですから、どうするのでしょうか。

この三都の歴史的な関係はともかく、現在はお互いのことをどう思っているかを少し考えてみましょう。

東京人は大阪のことはよく思っていないようですが、京都には一目置《いちもく》いているようです。転勤になったとき、京都なら家族で行くが大阪はいやだとか、単身赴任をしたときも、京都には家族が来ることもあるけれども、大阪にはほとんど来ないともいいます。

このことは、京都の企業が東京に本社を移すことはあまりないけれども、大阪の企業は大きくなるとすぐに東京に移るということにつながります。京都に本社を置いていると東京のお得意先も喜んで来てくれるため、かえってメリットも多いといいます。逆に考えれば、東京は大阪人の天国かもしれません。だいたい大阪のほうが東京より競争が厳しいのです。ですから、大阪から東京に進出すると、わりに簡単に成功するのです。

新聞でいえば、五大紙のうち朝日、毎日《まいにち》、産経《さんけい》という三紙が大阪から出ていることでわかるように、東京の山《やま》の手《て》のインテリ層のかなり大きな部分は阪神《はんしん》地方の出身者なのです。東京の山の手の人々には東京の下町と浪速《なにわ》の庶民文化を同じように位置づけて少し下に見る傾向もあります。

京都と大阪の関係はどうかというと、互いにまるで認め合っていません。京都人は大阪を商売だけの町だと思っていますし、大阪人は京都を実力もないのに威張っているだけだと思っています。

京都人は大阪人の「ばんばん、へなへな」といった擬音語や擬態語を使った直接的で生々しい言葉づかいで、しかも大声で話すのを品がないと感じますし、大阪人は京都人の「ゆっくり、丁寧、婉曲《えんきょく》」なもの言いにいらだちます。

色づかいなども対照的で、大阪では赤と青のコンビネーションは合うというようなわかりやすさを好みますし、京都では明るいながらも淡い色づかいが好まれます。

実際には京都は大阪の経済力がなければその力を維持できません。京都大学が東京大学とほぼ同等の学生を集められるのは、大阪をはじめとする近畿他府県から優秀な学生が来てくれるからで、それ以外の地方出身の学生はまことに少ないのです。

大阪が洗練された文化を持てるのは京都の存在なくしてはありえませんし、関西国《かんさい》際空港などというものが成り立つのも京都への観光客あってのことです。

大阪から京都への貢献として私が大事だと思うのは、東京で京都が好感を持たれていることには大阪人の貢献があることです。

朝日新聞という媒体を考えると、朝日新聞のアンチ権力の姿勢は関西人的な個人主義に裏づけられているわけですが、それを大阪人的な現実主義のボケとツッコミで表現しても、東京では共感を呼びません。そこで朝日新聞は京都的な奥行きのある知性主義を持ち込んで代弁させていると思うのです。

そういう意味では、井上氏の京都論は大阪人の新聞である朝日新聞的には非常に都合がいいものなのです。

かつて彼のエッセイでヒットしたものに「ノーパン喫茶は大阪発祥だと思われているが、じつは京都の賀茂川《かもがわ》のほとりに第一号店があった」という趣旨のものがありました。こうしたお高くとまっている京都人を斜交いから攻めて京都と大阪を相対化して見せるというのが、井上氏の得意とする分析法のひとつです。

その分析力の源泉は、京都人として洛中の人から認めてもらえない嵯峨の人間としてのコンプレックスをなかば自嘲気味に受け入れつつも、洛中の人々のプライドの高さを巧みにからかうが、追いつめるようなことはしないこと。この井上氏の独特の手法が、大阪人から見て非常に心地よいということです。

そんな牽制《けんせい》のおかげで少し鼻っ柱をくじかれておとなしくなった京都人の主張は、朝日新聞にとって東京の権力批判のために使いやすい感触なのだと思います。

そういう意味で、『京都ぎらい』が朝日新聞出版から刊行されてベストセラーになったのは、ゆえなきことではなさそうなのです。

「京都ブランド」を主張していいエリアとは

「京都」という最高級ブランドを名乗れるのがどういう地理的な範囲なのか、議論は尽きません。

井上氏の『京都ぎらい』の冒頭では、「嵯峨」出身の著者が、京都ではいかに田舎者と蔑まれてきたかという屈折した感情が、彼らしい斜に構えた表現で綴《つづ》られています。嵯峨は「(京都以外の東京も含めた)地方の人」にとっては、これ以上に京都らしい場所はないといえる風雅な場所です。

「京都」あるいは「京」というブランドは優越感の源泉ですし、経済的価値もたいしたものです。

全国のデパートで「京野菜」というコーナーが人気を呼んでいます。賀茂《かも》なすや壬生菜《みぶな》を並べてなかなかの人気です。たかが野菜でも何か高貴な趣があって、少し値段が高くても売れます。この値打ちのあるブランドを使えるのは京都府下で産した野菜です。

本来の京野菜とは中心市街地の外縁部で栽培されているもののはずで、丹後《たんご》や丹波はもちろん、府南部でも京都市外のものに使うのはおかしいという声もあります。滋賀県の農家からは京都の食を支えてきたのは近江《おうみ》の農業なのに、丹後や丹波のものが京野菜で滋賀県産は名乗れないのは不公平という不満が出ています。

京漬物として知られる菜の花漬けは滋賀県の紫香楽《しがらき》（甲賀《こうか》市）や田上《たなかみ》（大津市）の、赤カブラは蒲生氏郷《がもううじさと》の故郷である蒲生郡日野町《ひのちょう》の名産ですから、特産品まで盗まれたとお怒りです。

京都府は令制国《りょうせいこく》でいえば山城《やましろ》、丹波（一部は兵庫県）、丹後の三国からなります。人口でいえば二七〇万人のうち半分より少し多いくらいが京都市内に住んでいます。かつては京都市以外の地域を、市制が敷かれているところもすべてひっくるめて「郡部」と呼びました。この「郡部」という呼び方は、京都だけではなく、宮城県でもかつて仙台《せんだい》市とそれ以外を区別する言葉として使っていたと聞いたことがあります。

京都府下では京都市が一八八九（明治二二）年にできたあと、紀伊《きい》郡伏見町《ふしみちょう》が一九二九（昭和四）年五月一日に市制施行しましたが、一九三一（昭和六）年四月一日に京都市に編入されました。伏見市が存在した日数は七〇〇日で、日本の市のなかで最も短い存続期間です（改称を除く）。編入の経緯については別の項で説明します。

その後は一九三七（昭和一二）年に福知山《ふくちやま》市、一九三八（昭和一三）年に舞鶴《まいづる》市と続き、戦後は一九五〇（昭和二五）年の綾部《あやべ》市からのちは続々と市が誕生しています。福知山市が成立した一九三七年以前には、まさに京都府は京都市と郡部に分かれていたわけで、それゆえに人々の意識のうえに「京都市」と「郡部」という言葉が焼きつけられているといえます。

郡部の住人のやや屈折した感情を表しているのが「京丹後市《きょうたんごし》」「京田辺市《きょうたなべし》」という平成になってからできた市です。京丹後市は丹後市だけでは丹後地域のほかの市と区別がつかないというのなら北丹後市にすべきです。京田辺市は和歌山県の田辺《たなべ》市と混同を避けるためにおまけが必要だったのですが、普通なら山城田辺《やましろたなべ》市であるべきです。

乙訓《おとくに》郡長岡町《ながおかちょう》が一九七二（昭和四七）年に市制施行するときに新潟県の長岡市との区別のために長岡京《ながおかきょう》市としましたが、これも「京」という字へのこだわりの表れです。長岡京の中心部は隣の向日《むこう》市内にあったはずというおまけがつきます。

「洛中」と「洛外」の定義を再検証する

「郡部」の人が京都を名乗るのは「論外」としても、京都市内はすべて「京都」を名乗れるのかというと、そうは甘くないというのが井上氏の『京都ぎらい』には縷々《るる》綴られています。

郊外に住む人は、「さすが京都のお生まれだけあって」などといわれたら、「いやぁ、京都というても田舎ですし」と遠慮がちに対応しないと本物の京都人から軽蔑されます。調子に乗って「そないなこというてもろて、うれしいです」といおうものなら、「あの人、伏見の人やのに、厚かましいどすわなぁ」といわれる羽目になっても知りません。相手が地方（東京人も京都では地方人扱いです）の人だとしても、京都はどこに人の目があるかわからないのです。

正真正銘の京都といえるのはどこなのでしょうか。ひとつ考えられるのは、豊臣秀吉《とよとみひでよし》の時代から江戸時代にかけては土塁と空堀からできた御土居《おどい》が京都の市街地を囲んでいたため、それがひとつの基準になります。

平安京《へいあんきょう》の面影はとっくの昔になくなって、戦国時代には京都御所や同志社《どうししゃ》大学の近くにあった室町《むろまち》幕府の花《はな》の御所を中心とした上京《かみぎょう》と、四条《しじょう》から五条《ごじょう》を中心とした下京《しもぎょう》の二つの町に分かれていました。

それをひとつにしてぐるりと囲んだのが豊臣秀吉の御土居で、「京《きょう》の七口《ななくち》（厳密にはこの数ではない）」といわれる門を通って洛外から出入りすることになりました。鞍《くら》馬口《まぐち》、丹波口《たんばぐち》、荒神口《こうじんぐち》などの地名はその名残です。

御土居は防衛上の配慮から鷹峯《たかがみね》など北西に大きく張り出していますし、鴨川《かもがわ》の東側は入りません。南や西については、これが洛中と洛外の境界というイメージがあります。京都駅はすべてではありませんが御土居の跡に建設されました。

現代において、だいたい誰にも文句をいわれない京都の範囲はどこかといえば、私の感覚でいうと、大正時代までに京都市内に入っていたかどうかが決め手でないかと思います。

行政区域としての京都市には、一八八九（明治二二）年の市制施行当時は御土居の

1879(明治12)年 4月10日	郡区町村編制法の施行により行政区画として上京区・下京区を設置(この時点では「京都市」は存在しない)。葛野郡中堂寺村、八条村、西九条村、東塩小路村の各一部を下京区に編入。
1883(明治16)年	愛宕郡聖護院村の一部を上京区に編入。
1888(明治21)年	愛宕郡岡崎村、聖護院村、吉田村、南禅寺村、粟田口村、鹿ヶ谷村、浄土寺村を上京区(のちに左京区)、清閑寺村、今熊野村を下京区に編入(のちに東山区)。
1889(明治22)年 4月1日	市制の施行によりⓀ上京区・Ⓢ下京区の区域をもって「京都市」が発足。
1902(明治35)年 2月1日	葛野郡大内村の一部(大字東塩小路・西九条)を下京区に編入。
1918(大正7)年 4月1日	愛宕郡㉑野口村、㉒鞍馬口村、㉓下鴨村、㉔田中村、㉕白川村、大宮村の一部、上賀茂村の一部、葛野郡①衣笠村を上京区に編入(のちに旧野口村・鞍馬口村・大宮村・上賀茂村・衣笠村は北区、旧下鴨村・田中村・白川村は左京区)。 葛野郡②大内村、③七条村、④朱雀野村、西院村の一部、紀伊郡㊶東九条村の一部、㊷柳原町、上鳥羽村の一部、深草村の一部を下京区に編入(のちに旧大内村は南区、旧朱雀野村・西院村は中京区、旧東九条村・上鳥羽村は南区、旧深草村は東山区)。東九条村の残部は上鳥羽村に編入。
1929(昭和4)年 4月1日	上京区・下京区から中京区が、下京区から東山区が、上京区から左京区がそれぞれ分区。
1931(昭和6)年 4月1日	葛野郡⑤京極村、⑥川岡村、⑦西院村、⑧梅津村、⑨桂村、⑩松尾村、⑪嵯峨町、⑫太秦村、⑬花園村、⑭梅ヶ畑村を編入。右京区が新設される(のちに旧桂村・川岡村・松尾村は西京区)。 Ⓕ伏見市、紀伊郡㊸下鳥羽村、㊹横大路村、㊺納所村、㊻深草町、㊼堀内村、㊽向島村、㊾竹田村、宇治郡61醍醐村を編入。伏見区が新設される。 愛宕郡㉖上賀茂村、㉗大宮村、㉘鷹峯村を上京区に編入(のちに北区)。 愛宕郡㉙修学院村、㉚松ヶ崎村を左京区に編入。 紀伊郡㊿吉祥院村、51上鳥羽村を下京区に編入(のちに南区)。 宇治郡62山科町を東山区に編入(のちに山科区)。
1948(昭和23)年 4月1日	葛野郡⑮中川村、⑯小野郷村を上京区に編入(のちに北区)。
1949(昭和24)年 4月1日	愛宕郡㉛雲ヶ畑村を上京区に編入(のちに北区)。 愛宕郡㉜岩倉村、㉝八瀬村、㉞大原村、㉟静市野村、㊱鞍馬村、㊲花脊村、㊳久多村を左京区に編入。
1950(昭和25)年 12月1日	乙訓郡71久我村、72羽束師村を伏見区に編入。 乙訓郡73大枝村を右京区に編入(のちに西京区)。
1955(昭和30)年 9月1日	下京区から南区が、上京区から北区がそれぞれ分区。
1957(昭和32)年 4月1日	久世郡81淀町を伏見区に編入。伏見区の一部となる。 北桑田郡京北町の一部(大字広河原、*の地域)を左京区に編入。
1959(昭和34)年 11月1日	乙訓郡74久世村を南区に編入。 乙訓郡75大原野村を右京区に編入(のちに西京区)。
1976(昭和51)年 10月1日	右京区から西京区、東山区から山科区がそれぞれ分区。
2005(平成17)年 4月1日	北桑田郡91京北町を右京区に編入

①〜⑯:葛野(かどの)郡、㉑〜㊳:愛宕(おたぎ)郡、㊶〜51:紀伊(きい)郡、61・62:宇治(うじ)郡、71〜75:乙訓(おとくに)郡、81:久世(くぜ)郡、91:北桑田(きたくわだ)郡。

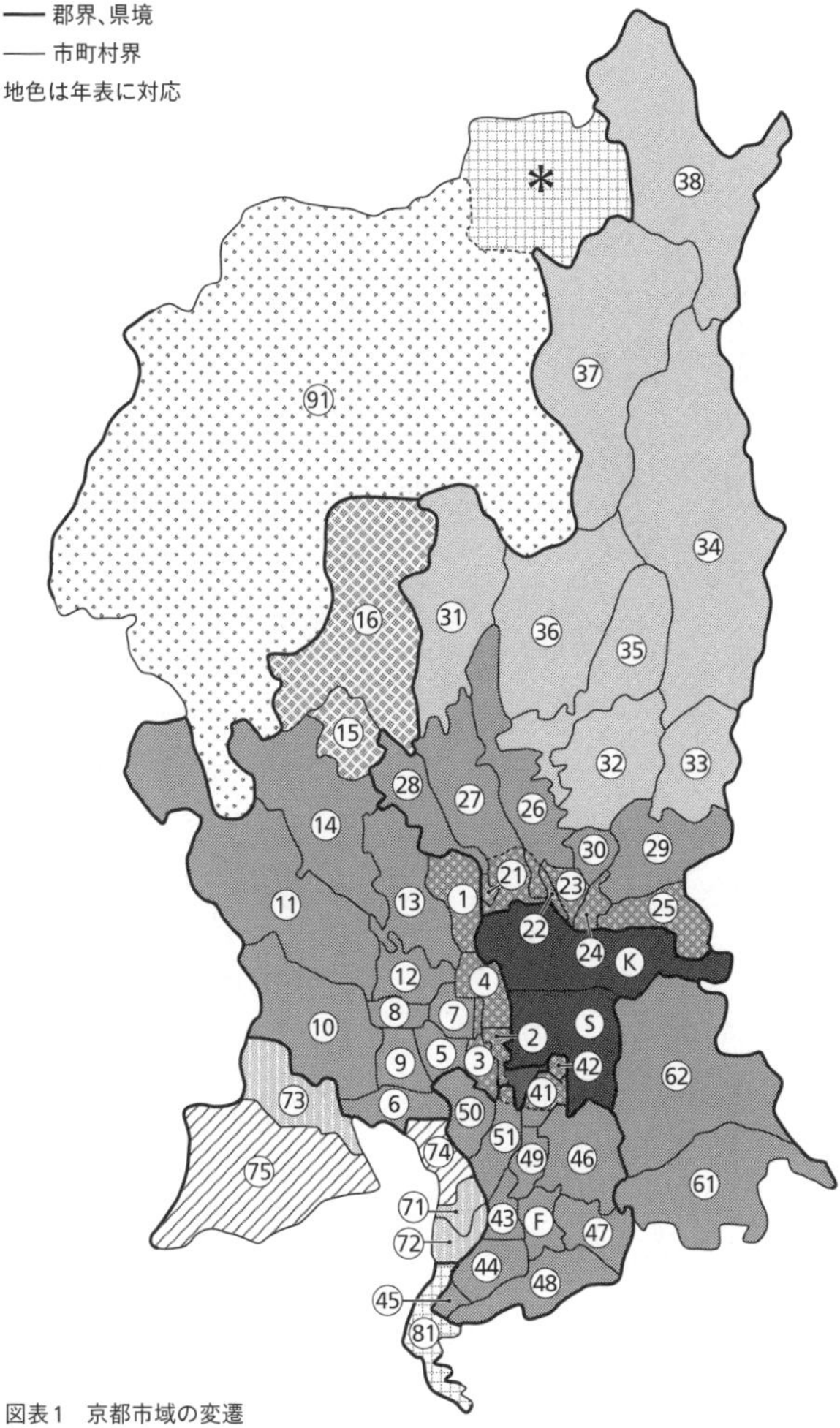

図表1　京都市域の変遷

出典:「市町村変遷パラパラ地図」(http://mujina.sakura.ne.jp/history/)および各種資料より編集部作成。

なかでも北部は入っていませんでしたし、阪急の駅がある西院《さいいん》（四条通と西大路《にしおおじ》の交差点付近）など山陰本線《さんいん》（園部《そのべ》駅までの愛称は嵯峨野《さがの》線）より西の地域や、東西の本願寺《ほんがんじ》がある京都駅付近も市外でした。

鴨川の東岸では東福寺《とうふくじ》から祇園《ぎおん》あたりの東山界隈《ひがしやまかいわい》から京大付近までが入っていました。地図で見るとさらに東に大きく張り出していますが、これは大文字山《だいもんじやま》として知られる如意ヶ嶽《にょいがたけ》周辺の山地です。このあたりは、もともと大津市の園城寺《おんじょうじ》（三井寺《みいでら》）の所有地が鹿ヶ谷《ししがたに》あたりからずっと大津市内まで続いていたのですが、山城側に人家がなかったため別の自治体が成立せず、すでに大正時代からおまけのように京都市内に入っていたのです。

その後、少しずつ合併して、一九一八（大正七）年までにはだいたい御土居の内側全体と下鴨《しもがも》、衣笠《きぬがさ》、田中《たなか》、白川《しらかわ》、鳥羽《とば》、深草《ふかくさ》にまで範囲がおよんだのですが、この範囲が市中心部のよほど偏屈な人以外なら京都と認めてくれる範囲なのです。

一九三一（昭和六）年に伏見市の合併を機に山科《やましな》、醍醐《だいご》、太秦《うずまさ》、嵯峨、松尾《まつお》などが合併され、ほぼ現在の京都市となりました。井上氏の地元の嵯峨が京都市になったのもこのときです。ですから、Yの字のようになっている賀茂川と高野川《たかのがわ》に挟まれた三角地域でも、下鴨と松ヶ崎《まつがさき》でははっきり地価が違うのです。

戦後になって八瀬《やせ》、大原《おおはら》、岩倉《いわくら》(以上は左京区《さきょうく》)、淀《よど》(伏見区)などが吸収され、平成の大合併で昔は丹波国桑田郡《くわだぐん》だった北桑田郡《きたくわだぐん》京北町《けいほくちょう》が合併されました(右京区《うきょうく》)。

根が深い京都市の「11区格差」

少し繰り返しになりますが、もう一度、今度は区というもので京都市内について階層性を説明しておきましょう。

京都市は一八八九(明治二二)年には上京区と下京区だけでした。室町時代から上京の人々と下京の町衆《まちしゅう》です。中京区《なかぎょうく》というのが後発でできたためややこしいのですが、もともと上京と下京の境は二条《にじょう》通です。

祇園祭《ぎおんまつり》の鉾町《ほこちょう》というのがこの下京の中核です。それに対して御所周辺が上京の中心です。そのまま少しずつ合併していったのですが、一九二九(昭和四)年に上京区と下京区から丸太町《まるたまち》通と四条通のあいだを中京区として独立させ、上京区のうち鴨川の東側を左京区、下京区のそれを東山区にしました。

一九三一（昭和六）年の大合併で右京区と伏見区ができ、東山区に山科が、左京区に洛北《らくほく》の広い範囲が加わりました。一九五五（昭和三〇）年に上京区から北区《きた》が、下京区から南区《みなみ》が独立し、一九七六（昭和五一）年に東山区から山科区が、右京区から西京区《にしきょう》が分離されたというのが大ざっぱな経緯です。

『京都ぎらい』には、その狭い原始京都市のなかでも西陣《にしじん》出身で文化人類学者の梅棹《うめさお》忠夫《ただお》氏が、自分が館長だった国立民族学博物館における全国四七都道府県の方言の音声展示でみずから「京言葉」を披露していたところ、「西陣ふぜいのくせに、えらい生意気なんやな」と揶揄《やゆ》した人がいると書いています。

このへんになると京言葉ではないといっているのではありません。下町の「江戸っ子言葉」か山の手の「ざあます言葉」か、どっちが東京の言葉を代表するかというようなものです。グループごとの階層性を追究することは、うっかりすると不当な差別や、そこまでいかなくても、生まれながらの境遇でハンディを与えたり、人生のある段階での失敗がのちのち影響を残したりすることもあります。

人でなくても、国、地域、企業、学校、職能集団などが、みんなで力を合わせて向上し、その集団の評判がよくなれば、その構成員もメリットを受けるということを否定する人はいないでしょう。京都の場合は、外縁部が少しでも京都らしくなろうと努めて、その成果が出ると心も懐も豊かになるしくみになって、なかなかうまく機能しているように見えます。

アンビバレントな世界で、そこそこ上手に二つの要請を両立させているのが京都人の世界ということではないでしょうか。

「京都は怨霊の町」説を検証する

京都ブランドを活用する権利がある地域はどこまでかという話を歴史を追いながらしてきましたが、『京都ぎらい』には京都人の歴史観といった話もたくさん盛り込まれています。今度は平安建都からの流れに沿って京都の歴史をながめ、ここまでの話とできるだけ重複しないように私の考え方を書いてみたいと思います。

平安遷都から鎌倉《かまくら》時代あたりまでの歴史は『京都ぎらい』にはあまり出てきません

が、いちおうおさらいをします。

桓武《かんむ》天皇は平安遷都に先立って長岡京への遷都を断行しています。理由はいろいろありましたが、大和国《やまとのくに》（奈良県）は水運が悪いというのが最大の理由でした。

難波京《なにわきょう》（大阪市）は外国からの攻撃に無防備です。そこで、かなりの大型船が淀《よど》川《がわ》を遡上できる山城が注目されました。長岡京の場所はその南西の山崎《やまざき》（京都府大山《おおやま》崎町《ざきちょう》）までは楽に大型船がやってこられることから選ばれたのですが、洪水に弱い地形だったため、少し水運は悪いが、災害に対して比較的に強そうな平安京が建設されたのです。

平安京のグランドデザインは平城京《へいじょうきょう》（奈良市）と同じく長安城《ちょうあんじょう》に似ており、都城の北端に宮城《きゅうじょう》を置いていました。碁盤の目の街路が引かれ、南端の羅城門《らじょうもん》から大《だい》内裏《り》の正門まで幅八四メートルもの朱雀大路《すざくおおじ》が建設されました。

長安城の場合は宮城が低湿地にあるのですが、平安京ではいちばん高いところに大内裏がありますから、かなりカリスマ性の高い景観だったと思います。長安城は全体が城壁で守られ、それぞれの坊（区画）も高い塀で囲まれていたのに対して、平安京ではごくわずかしかそういう備えはありませんでした。

平安京ができあがったころ、桓武天皇のまわりでは不幸が相次ぎました。天皇は政争から死に追いやった形になった、弟で皇太子だった早良《さわら》親王らの怨霊のしわざだと考え、それを慰める儀式を行いました。それからというもの、平安京では政争に敗れた人々の怨霊を慰める神社などが多く建てられましたが、いちばん有名なのは北野天《きたのてん》満宮《まんぐう》に祀《まつ》られる菅原道真《すがわらのみちざね》です。

この怨霊を恐れるということがいつから始まったのか不明ですが、記録に表れるのは平安《へいあん》時代です。哲学者の梅原猛《うめはらたけし》氏のようにもっと前からあったという説もあり、井上氏は曖昧ながらも、この彼自身の元上司が唱えた説に理解を示しています。

私は平安以前に怨霊を恐れる発想が皆無だったとはいいませんが、平安京が「怨霊の都」といわれるようになったのは、平安建都の前後に起きた一連の不幸に対する桓武天皇の対応がその後の大流行に発展し、足利義満《あしかがよしみつ》という何をも恐れぬ独裁者の出現で終わったと見ます。この習慣は足利尊氏《たかうじ》が後醍醐《ごだいご》天皇のために天龍寺《てんりゅうじ》を創建したのを最後に終わっているのです。その後は豊国《とよくに》神社や東照宮《とうしょうぐう》に見られるように勝ったほうを顕彰するのが主体になったのは井上氏も指摘しているとおりです。

仏教について『京都ぎらい』に欠けている視点

平安京を囲む通りは北が一条《いちじょう》大路、東が東京極《ひがしきょうごく》大路（おおよそ現在の寺町《てらまち》通）、南は九条《くじょう》大路、西は西京極《にしきょうごく》大路ですが、現在は長い通りはありません。市営地下鉄東《とう》西《ざい》線の終点の太秦天神川《うずまさてんじんがわ》駅のあたりを通る天神川と、その横の天神川通がひとつの目印になります。

左右対称になっており、東側を左京、西側を右京と呼びます。右京のうち南側は低湿地であるためあまり開発が進まず、東側では鴨川の反対側まで開発が進みました。院政の場となった岡崎《おかざき》（白河《しらかわ》）地区や法住寺殿《ほうじゅうじどの》（三十三間堂《さんじゅうさんげんどう》の周辺）などがそうですし、平安京よりもっと南の鳥羽地区なども同様です。

平安時代中期から鎌倉時代にかけては荘園《しょうえん》という私営の村が成立して公家《くげ》や寺院などが経営しました。院政というのは退位した天皇が土地を私有して贅沢《ぜいたく》ができることで成立したのです。藤原摂関《ふじわらせっかん》家や上皇《じょうこう》たちが競って大規模な別荘を郊外に建てた時代です。その多くはのちに寺になりました。

奈良時代に比べて平和な時代になって、とくに平安時代には死刑を原則廃止したため、子どもたちが余ります。源氏《げんじ》や平氏《へいし》をつくって臣籍降下《しんせきこうか》させましたが、財産をつけてやるのも大変です。

比叡山の中興の祖といわれる元三大師《がんざんだいし》良源《りょうげん》は摂関家の子や皇子、王子たちを僧にし、そこに寄付をして一代かぎりの贅沢な生活を保障し、その財産を次の世代の次男坊たちに使うという妙案を考え出しました。これが門跡《もんぜき》寺院と呼ばれるものであり、それらが広大な土地を所有した理由です。

上皇や公家が直接寄進することより、たとえば上皇の寵姫《ちょうき》が願をかけて建立する寺院に地方の武士が寄進するといった手の込んだやり方です。現代でも有力者の縁者が理事長を務める財団に寄付するのが実質的に賄賂であることと同じです。

明治になって大寺院が支配地を縮小されたのは当たり前で、有力者の子を僧にするという習慣がなくなって、大寺院を金持ちにしておく理由がなくなったからです。そういう視点は『京都ぎらい』に欠けているところだと思います。何しろ青蓮院宮《しょうれんいんのみや》

（久邇宮家《くにのみや》）や輪王寺宮《りんのうじのみや》（北白川宮家《きたしらかわのみや》）が還俗《げんぞく》するなどして新しい宮家《みやけ》をどんどんつくったくらいです。

しかし、それはのちの話で、大寺院は莫大《ばくだい》な財産を運営し、またそれを守るために僧兵まで組織しました。律令制《りつりょうせい》の崩壊で常備軍は弱体化していたため、たちまち平安京周辺で最強の武装集団になってしまいました。寺社といわないのは、当時は興福寺《こうふくじ》と春日大社《かすがたいしゃ》などのように一体化していたからです。延暦寺《えんりゃくじ》の里坊《さとぼう》がある大津市の坂本《さかもと》の金融業者は、貸したお金を回収するのに僧兵の力を借りられたため、有利にビジネスができたくらいです。

それに対抗するために、主に摂関家が育てたのが清和源氏《せいわげんじ》であり、上皇が育てたのが桓武平氏《かんむへいし》です。ボディーガード集団である武士が、僧兵たちだけでなく上皇や摂関家の支配すら否定するようになったのは源平合戦《げんぺいかっせん》のころからで、武士の世になります。平清盛《たいらのきよもり》が本拠としたのも、鎌倉幕府が御目付《おめつけ》を置いたのも六波羅《ろくはら》というところです。鴨東《おうとう》で祇園の少し南、現在の五条通より北側のあたりです。武士たちも公家や寺院の持つ権力と富の一部を横取りしましたが、公家や寺院の力が消えたわけではありません。それが終わるのは戦国の争乱によってです。

鎌倉時代から室町時代にかけて、京都では京都五山《ござん》に代表される臨済宗《りんざいしゅう》（禅宗《ぜんしゅう》の一派）の寺院が発展しました。仏教は中国文化をトータルな文化システムとして日本に伝えてきました。

飛鳥《あすか》時代から奈良時代にかけての仏教は、南朝などの仏教が百済《くだら》経由でやってきたものです（といっても、担い手は半島在住の漢人《かんじん》で、百済人ではなかったことは重要です）。平安仏教は盛唐期《せいとうき》の文化を直輸入することで発展しました。

禅宗は宋《そう》や明《みん》の文化を運んできました。書院造《しょいんづくり》の住宅、豆腐や味噌《みそ》や茶のような食材をはじめ、日本風といわれる生活様式は、こうした新時代の中国文明の輸入と消化のなかから生まれたものです。銅銭の輸入は貨幣経済を実現しました。

武士の子の教育も禅僧がしましたし、右筆《ゆうひつ》（書記役）としても活躍しました。公家と違って武士は読み書きも十分にできませんから、禅寺が官僚機構と学校制度の代わりになったのです。

民衆の力が勃興してくると、仏教界では浄土真宗《じょうどしんしゅう》や法華宗《ほっけしゅう》が発展しました。二つとも鎌倉時代からありますが、とくに京都周辺で大宗教集団に発展したのは戦国時代になってからのことです。農民や地方の武士に人気が出たのが来世の救済を約束する浄土真宗で、京都の商工業者に歓迎されたのが現世利益を求める法華宗でした。

「北朝の都」としての京都

嵯峨出身の井上氏は、皇室の寺といわれて南朝から北朝への三種《さんしゅ》の神器《じんぎ》の受け渡しの場所ともなった大覚寺《だいかくじ》のたたずまいや亀山《かめやま》天皇陵などの風景から、室町幕府の故地であり、北朝の系統を引く天皇たちが拠《よ》って東京遷都まで栄えた洛中と、南朝が健在なら首都機能の中心だったかもしれない嵯峨の「もしも」を語ったりしています。いい視点ではないでしょうか。

京都は北朝の都だったのだと主張するのは勇気のいることです。南北朝は大覚寺統(南朝)と持明院《じみょういん》統(北朝)という二つの皇統の争いのことを指します。南朝の系統の皇族が嵯峨にある大覚寺周辺に住むことが多く、北朝のほうが同志社大学新町《しんまち》キャンパスの北側の新町通上立売《かみだちうり》のあたりにあった持明院に拠ったからです。

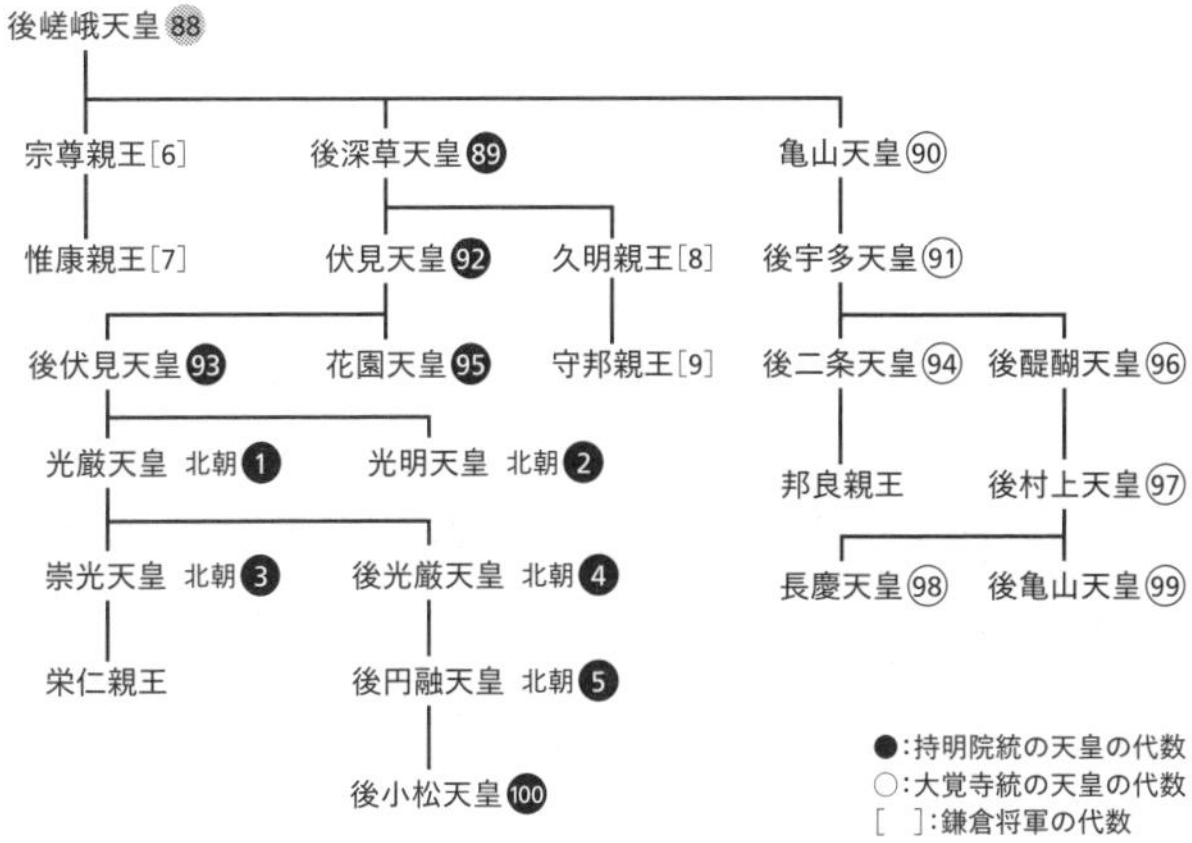

図表2　南北朝時代の天皇家の系図

いわれてみれば、洛中、とくに上京はまさに北朝の都です。京都御所も持明院統の光厳《こうごん》天皇が御所としてから定着しましたし、室町幕府の花の御所はだいたい室町通、今出川《いまでがわ》通、烏丸《からすま》通、上立売通に囲まれたところにありました。もちろん正面玄関は室町通側です。

同志社大学の東側にある相国寺《しょうこくじ》は足利義満が建てた寺で、かつては一〇九メートルの高さを誇る七重塔《しちじゅうのとう》がありました。京都タワーより少し低いですが、標高が少し高いところにあるため、見かけはもっと巨大な感じだったと思います。観光寺院ではありませんが、大変なお金持ちです。なぜなら金閣寺《きんかくじ》と銀閣寺《ぎんかくじ》は京都五山のひとつで臨済宗相国寺派大本山であるこの寺によって直営されているため、膨大な拝観料収入が入るからです。

南北朝というと、現在の皇室が北朝の子孫なのに南朝が正統とされているという、ねじれた関係になっていますが、ちょっとおさらいしてみましょう。

この南朝と北朝のどちらが正統かという議論を南北朝正閏論《せいじゅんろん》といいます。長幼の順でいえば、同じ後嵯峨《ごさが》天皇の皇子でも北朝（持明院統）の後深草《ごふかくさ》天皇が兄であり、南朝（大覚寺統）の亀山天皇が弟だから北朝に分があります。両天皇の生母である大《おお》宮院《みやいん》は父帝の遺志として南朝を嫡流とすべしとしました。北朝は幕府に取り入ってその圧力を利用したというのも印象が悪かったのです。

後醍醐天皇が元弘《げんこう》の乱《らん》で隠岐《おき》に流されるまでは両統迭立を双方とも納得していましたが、この事件で後醍醐天皇は三種の神器を引き渡して光厳天皇が即位しました。

翌年、後醍醐天皇は隠岐を脱出して京都に復帰すると、光厳天皇の即位が無効だと主張しました。後醍醐天皇は足利尊氏らの協力で鎌倉幕府を倒して建武《けんむ》の新政《しんせい》を実現しましたが、結局は尊氏と対立し、三種の神器を持って吉野《よしの》山中（奈良県）に逃げて南北朝の時代になりました。

一三九二（南朝は元中《げんちゅう》九、北朝は明徳《めいとく》三）年閏《うるう》一〇月二日に南朝の後亀山《ごかめやま》天皇が吉野から京都の大覚寺に入り、三日後に三種の神器が後小松《ごこまつ》天皇（一休《いっきゅう》禅師の実父）に引き渡されました。これを明徳の和約といいます。そのときの条件では、①以後の皇位は持明院統と大覚寺統で迭立とする、②諸国の国衙領《こくがりょう》は南朝の管領とするが、皇室の私的な領地である長講堂領《ちょうこうどうりょう》は北朝の管領とするということでした。

この約束が守られなかった原因について、かつては足利義満が南朝を騙《だま》したといわれていたのですが、どうも義満はそれを守るつもりだったのに、それを不満とする北朝の後小松天皇と義満の子である四代将軍・足利義持《よしもち》が反故《ほご》というか無視したということのようです。

後小松天皇は、後亀山天皇については後堀河《ごほりかわ》天皇の父である守貞《もりさだ》親王を後高倉院《ごたかくらいん》としたのと同格の不登極帝《ふとうきょくのてい》（即位しなかった天皇）として太上天皇《だいじょうてんのう》（上皇）として扱うことにしましたが、後村上《ごむらかみ》天皇や長慶《ちょうけい》天皇はその存在を否定しました。

幕末まで皇統譜として扱われた『本朝皇胤紹運録《ほんちょうこういんじょううんろく》』では神功《じんぐう》皇后を歴代に数え、

天皇は北朝をもって正統としていたのです。室町時代の後期になると『太平記《たいへいき》』などを通じて南朝への同情が広がってきましたし、松永久秀《まつながひさひで》の家臣だった楠木正虎《くすのきまさとら》の奔走で楠木正成《まさしげ》を朝敵から外しました。

新田《にった》氏一門と称する徳川《とくがわ》氏の天下となって、林羅山《はやしらざん》らが南北並列扱いを始め、水《み》戸光圀《とみつくに》が『大日本史《だいにほんし》』で南朝を正統としたのです。その根拠としては、三種の神器の所在を有力な根拠としました。それならば源平時代に安徳《あんとく》・後鳥羽《ごとば》両天皇が並立した時代について安徳天皇を正統としなければなりませんが、そこはごまかしました。なんといっても徳川氏は源氏なのです。

北朝の系統を引く京都の朝廷は水戸光圀の熱望にもかかわらず、『大日本史』の刊行や献上の許可を与えませんでした。この史書が北畠親房《きたばたけちかふさ》の『神皇正統記《じんのうしょうとうき》』などに影響されて南朝を正統としていたからで、北朝の流れを汲《く》む朝廷としては受け入れがたかったのです。朝廷に尊皇思想の気分が高まって献上を許可したのは光格《こうかく》天皇の一八一〇（文化《ぶんか》七）年になってからのことです。

一八七七（明治一〇）年に元老院が『本朝皇胤紹運録』に代わるものとして作成し

た『纂輯御系図《さんしゅうごけいず》』で南朝の天皇が歴代に加えられ、一八八三（明治一六）年に岩倉《いわくら》具視《ともみ》と山縣有朋《やまがたありとも》の主導で編纂《へんさん》した『大政紀要《たいせいきよう》』で北朝の天皇には「天皇」号を用いず、「帝」号を用いました。

国定の歴史教科書では南北両朝並立でしたが、一九一一（明治四四）年に、帝国議会が南朝を正統とする決議を行い、明治天皇の裁断で南朝が正統であるとしつつ、北朝の五帝の祭祀《さいし》については従前どおり行うこととして、それが現在まで踏襲されています。

この南朝と北朝のどちらが正統だったかというのは、決定的な白黒はつけがたいところです。南朝を正統としたとしても、後亀山天皇から後小松天皇への神器の譲渡は有効であるため、現在の皇室の正統性には、なんの問題もありません。

第一一九代天皇とされる光格天皇（一七七九＝安永八年即位）は、在世中は第一二〇代とされていました。削除したのが北朝の五人のほか、神功皇后（一九二六＝大正一五年）、醍醐《だいご》天皇の重祚《ちょうそ》で、追加したのが南朝の三人のほか、弘文《こうぶん》、淳仁《じゅんにん》、仲恭《ちゅうきょう》（以上は一八七〇＝明治三年）、後亀山、後村上（以上は一九一一＝明治四四年）、長慶

（一九二六＝大正一五年）で、差し引き一代マイナスというわけです。東京遷都が行われなかったら、せいぜい南北朝を平等に見るくらいのところで止まっていたのではないでしょうか。洛中のあちこちに北朝の思い出がぎっしりつまっており、嵯峨なんぞにあった南朝こそ正統という考え方には行きにくいと思います。

以上が井上氏の嵯峨と南朝の話を読んでの感想です。

豊臣秀吉がつくりあげた京都の骨格

江戸時代の京都について、『京都ぎらい』では寛永期《かんえい》（一六二四〜一六四五年）あたりに知恩院《ちおんいん》の大伽藍《だいがらん》など大土木工事がたくさん行われたことが書いてあります。徳川の威光と京都を軽視していないという姿勢を示すために知恩院の大伽藍などを建設しました。桂《かつら》離宮や修学院《しゅがくいん》離宮ができたのもこのころです。

ざっくりいえば「桂離宮はいうほどのものか」という趣旨の論文『つくられた桂離宮神話』（講談社《こうだんしゃ》学術文庫）で建築史の世界で会心のホームランを飛ばした若き日の井上氏が寛永期の京都に注目するのは当然です。琳派《りんぱ》の画家たちが活躍した時代でもあ

若き日の井上章一氏が研究対象とした桂離宮

ります。

京都の黄金期は断然、豊臣秀吉の時代です。室町時代の京都では伝統的な宮廷文化と中国直輸入の禅宗文化が融合して近世日本文化の基礎ができました。

ところが都市開発は貧弱でしたし、戦国の争乱のなかでは花の御所を中心とした上京と四条通あたりの下京が別の町のようになってしまい、室町通を通じて結ばれていただけでした。「洛中洛外図屏風《らくちゅうらくがいずびょうぶ》」にあるような風雅な風景はあったのですが、雑然とした中世都市の趣でした。

秀吉は京都の町を大改造しました。一二〇メートル四方の正方形だった平安京以来の区画の真ん中に南北の道路を通し、六〇×一二〇メートルの短冊状の街区からなる町になりました。六〇メートルの正方形を二等分した三〇メートルの奥行きのうなぎの寝床式の町家《まちや》が標準となって高密度利用が実現しました。

御土居という土塁と空堀を組み合わせた防壁が町全体のまわりにめぐらされて城下町のような構造になり、治安は飛躍的に改善し、商業もさかんになりました。

御土居はだいたい東は河原町《かわらまち》通、西は千本《せんぼん》通より少し西、北は鷹峯あたり、南は東《とう》寺《じ》のあたりです。御土居は江戸時代になって、まず東の鴨川側が壊され、明治になってなくなりましたが、いちばんよく残っているのは、先に紹介した北野天満宮の梅林のなかです。

この京都の町の骨格はいまでもそのまま維持されています。京都は桓武天皇が建設して豊臣秀吉が大改造した町なのです。その中心にあった聚楽第《じゅらくてい》は、かつての大内裏の跡で、だいたい堀川《ほりかわ》通、千本通、丸太町通、今出川通に囲まれた場所です。かなり本格的な城で、広島城はそれを模したものとされています。

聚楽第に後陽成《ごようぜい》天皇と正親町《おおぎまち》上皇を招待した聚楽第行幸は、京都市民と朝廷が触れ合う場でもあり、平和で豊かな時代の到来を全国に宣言したわけです。このようなイベントを実施することは政治の大事な役割のひとつです。

秀次《ひでつぐ》切腹事件のあと解体されて伏見城などに移されたと見られますが、ほぼ確実な遺構とされているのは大徳寺《だいとくじ》唐門《からもん》です。西本願寺飛雲閣《ひうんかく》の建立は江戸時代に入ってからの可能性が強いですが、よく似た建物が屏風に描かれているため、ありえないわけではありません。

寺院の多くを寺町や寺之内《てらのうち》に集中したのもこのときです。本能寺《ほんのうじ》も西洞院《にしのとういん》六角《ろっかく》から寺町御池《おいけ》に引っ越しました。もとの場所は山陰方面からの入り口である丹波口からすぐに到達できる場所でした。

秀吉の死後も、北政所《きたのまんどころ》、秀頼《ひでより》、淀殿《よどどの》が寄進して寺社の整備を行いました。最大のものは、いまはない方広寺《ほうこうじ》大仏殿や豊国神社でしたが、現在も残っているものとしては、東寺の伽藍、北野天満宮、相国寺、清凉寺《せいりょうじ》、鞍馬寺《くらまでら》などがあります。

井上氏が主張するように、江戸初期に豊臣時代ほどでないにせよ建築・土木工事はありましたし、二代将軍・徳川秀忠《ひでただ》の娘である東福門院《とうふくもんいん》やその夫である後水尾《ごみずのお》上皇の贅沢を幕府が支えたり、二度の将軍上洛《じょうらく》のイベント効果はあったりしました。しかし、それは京都に住んだ豊臣秀吉の時代の支出と比べると微々たるものだったということのほうが大事です。

じつは変転していた江戸幕府と朝廷の関係

江戸幕府は、はじめは朝廷を強引に押さえつけようとしました。天皇が僧たちに紫《し》衣《え》を勝手に与えたということで罰した事件などはその典型です。しかし、東福門院が成長してすぐれた政治家ぶりを見せ始めると、三代将軍・徳川家光《いえみつ》は姉に京都を任せました。また、五摂家《ごせっけ》の権威を高めて、彼らに朝廷やほかの公家を統制させました。将軍が子どもだったりすぐれた人物とはいえなかったりすることが多くなると、朝廷から委任を受けていることを権力の拠りどころにし始めました。

江戸城の儀礼や暮らしぶりも公家風や室町幕府のそれを復活させる方向になりました。吉良上野介義央《きらこうずけのすけよしひさ》の仕事は室町儀礼の復活です。五代将軍・綱吉《つなよし》が勅使を迎えて実母である桂昌院《けいしょういん》のために従一位《じゅいちい》をおねだりしようというときに、接待係として部下ともいえる浅野内匠頭長矩《あさのたくみのかみながのり》が厳しすぎる指導をされた吉良を斬りつけ、怒った綱吉が切腹、お家断絶という前例を超える処分をしたのが松の廊下刃傷《まつのろうかにんじょう》事件です。

家光の側室で綱吉の生母である桂昌院は、もともと京都堀川の八百屋の娘でしたが、母が公家侍《くげざむらい》と再婚し、その縁で江戸城に下った女性です。

家光の正室は鷹司《たかつかさ》家から出ていました。同性愛者だった家光を女性に目覚めさせたのは伊勢慶光院《いせけいこういん》（伊勢神宮の神宮寺）の尼門跡《あまもんぜき》として挨拶に江戸城に伺候した公家・六条《ろくじょう》家の娘です。豊満な女性をあてがわれても心が動かなかった家光が尼姿の清楚《せいそ》なこの京都出身の女性を見てのぼせあがってしまい、還俗させて側室・お万《まん》の方《かた》にして女性に開眼しました。

お万の方は春日局《かすがのつぼね》の後継として大奥取締《おおおくとりしまり》役となり、京都から多くの女性を呼び寄せて、すっかり京風にしたのです。そのなかに桂昌院もいました。名前を「お玉《たま》」といい、玉《たま》の輿《こし》という言葉の語源といわれることもあります。

桂昌院は自分の幸運に感謝し、関西の寺社に莫大な寄進をしています。東大寺《とうだいじ》大仏殿がその最たるものですが、京都にも善峯寺《よしみねでら》や今宮《いまみや》神社があり、むしろ修復のほうに力を入れました。大建築や土木工事があまりされなくなったのは全国的にそうなのであって、京都だけがそういうわけでもないのですから、井上氏の指摘は少しミスリーディングだと思います。

江戸幕府が檀家《だんか》制度によって各宗派の収入を安定させ、京都の本山が潤ったという井上氏の指摘は間違いではありませんが、布教や改宗の自由はなくなりましたし、巨大な荘園経営もできなくなりましたから、細々とした安定収入は保障されましたが、かつてほどの経済力も政治力もなくなってしまいました。

朝廷と幕府の関係ですが、江戸中期以降になると、ますます幕府の朝廷の権威頼りはエスカレートします。南朝擁護が余計でしたが、国学も発展し、尊皇思想も芽生えてきます。

こうした時期に京都御所が火事で焼けてしまいました。英明だった光格天皇は、それまでの中世的な御所に代えて、平安時代の王朝風を再現した御所にしたいと願われました。老中《ろうじゅう》・松平定信《まつだいらさだのぶ》は少し予算を値切って縮小しましたが、この案に乗りました。その結果、現在見るような立派な京都御所になって朝廷の権威はますます上がったのです。その後、もう一度焼けて、安政《あんせい》年間（一八五四〜一八六〇年）にまったく同じように再建されたのが現在の京都御所です。

黒船が来て通商条約を結ぼうというときに、老中・堀田正睦《ほったまさよし》は攘夷派《じょういは》を説得できず、朝廷の意向を盾に取って条約を世論に認めさせようとしました。公家に賄賂でもまけばいいと高をくくっていたのですが、異人ぎらいの孝明《こうめい》天皇に絶対ダメ、賄賂受け取り禁止といわれて違勅《いちょく》問題が起きました。

「八重の桜」がスルーした維新裏面史

明治維新が無血革命だったというのは江戸・東京の視点で、京都では禁門《きんもん》の変《へん》で市街地の広い部分が焼けた、テロの応酬もあった、戊辰《ぼしん》戦争でも戦死者がたくさん出ていると『京都ぎらい』に書いてあることは正しいといえます。

あれほど根本的な変革にしては犠牲者の数が少なかったのは事実です。しかし、京都の町がひどい被害を受けたのは事実で、市街戦もあったわけです。

そもそもの原因は先に書いた日米修好通商条約についての違勅問題に端を発して、

水戸斉昭《なりあき》が朝廷を巻き込んで反幕府の策謀をしたのが始まりです。これに怒った大《たい》老《ろう》・井伊《いい》直弼《なおすけ》が水戸藩関係者を罰するのは当然なのですが、ついでに吉田《よしだ》松陰《しょういん》に代表される勤皇の志士たちまで捕縛して死刑にしたため、その報復として幕府への協力者に対するテロが起きたわけです。

公武合体で国難に対処しようということで孝明天皇の妹である皇女・和宮《かずのみや》を一四代将軍・家茂《いえもち》の御台所《みだいどころ》に降嫁させることにしたのですが、幕府は孝明天皇に対して譲位断行を約束します。これは大失敗でした。

一八六二(文久《ぶんきゅう》二)年になると薩摩《さつま》(鹿児島県)から藩主の父である島津《しまづ》久光《ひさみつ》が三〇〇〇人の精兵を率いて上洛します。勅使をともなって江戸に下り、幕政改革を強要しました。その結果、一橋慶喜《ひとつばしよしのぶ》が将軍後見職、越前《えちぜん》(福井県)の松平《まつだいら》慶永《よしなが》が政事総裁職(大老のようなもの)となり、会津《あいづ》(福島県)の松平容保《かたもり》が京都守護職になります。

京都守護は本来は彦根《ひこね》藩(滋賀県)の仕事なのですが、安政の大獄《たいごく》以来の流れからすれば無理なため、遠隔地で京都の事情にくわしくない会津が引き受けさせられました。ほかに候補がなかったのです。

ところが、松平容保は幕府の意向より孝明天皇のいうとおりに動きます。その結果、孝明天皇の佐幕攘夷という奇妙な路線が止まらなくなります。尊皇攘夷派の公家たちは攘夷のための孝明天皇の大和行幸（攘夷親征）という行事を試みますが、怖くなった孝明天皇は会津や薩摩と組んで八月十八日の政変を起こし、三条実美《さんじょうさねとみ》ら尊皇攘夷派公家と長州《ちょうしゅう》（山口県）を朝廷から追い出します。

それに反発した長州は、幕府が形式的に出した攘夷決行を実行に移して外国船を砲撃し、追放解除と会津の追放を求めて挙兵し、上京してきます。そこで起きたのが禁門の変です。長州とすれば天皇と幕府が攘夷決行といったのに実行した自分たちが処分されるのはおかしいと主張し、これは筋が通っていますから、京都市民の世論も圧倒的に味方につけ、家が焼かれても悪いのは会津だということになりました。

これにはもうひとつ理由があって、会津が市内の治安維持をコストダウンし、かつ自藩の兵の損害を出さないために新撰組《しんせんぐみ》という非正規部隊を使ったことがあります。これが行儀が悪く、取り締まりも、謀議がされていると称して、証拠もないのにいきなり踏み込んで居合わせた志士たちを捕縛することなく斬りまくった池田屋《いけだや》事件のようなこともありましたし、遊郭などでも気前がいい長州と違って払いが悪いというのも原因です。

『京都ぎらい』にはこのへんの構図が書いてないのです。新撰組は京都ではきらわれていました。戦前からのドラマの材料として人気の「鞍馬天狗《くらまてんぐ》」などでは新撰組は悪玉です。

ところが、会津関係者のプロパガンダもあって、さらに司馬遼太郎《しばりょうたろう》などが青春ドラマ仕立てにしたこともあって、一部ではヒーロー扱いされることになりました。京都でも屯所《とんしょ》があった壬生《みぶ》周辺などを中心に、あの火消しのような衣装のグッズを売ってビジネスに励んでいる人もいますが、当時の京都市民の評価からはかけ離れたものです。

『京都ぎらい』では会津と同志社大学と会津小鉄会《あいづこてつかい》の関係というタブーに近いところにも触れています。「山口組《やまぐちぐみ》と張り合ったらしいこの結社も、幕末の会津藩士にルーツがある」と書いてあります。もっとも、これは正確ではなく、会津が使っていた、なんでも屋の下請け業者だったのです。そういう意味では新撰組の兄弟みたいなものです。いうことを聞かない相手を威圧して黙らせるのも同じです。

このころ山本覚馬《やまもとかくま》という武士が会津にいました。もともとお茶の先生として会津に入った近江出身の家系で、幕末には砲術の指南などをしていました。石高《こくだか》は低いですがアルバイト収入が入る仕事です。これが殿様について京都にやってきて、裏社会とのつながりもあったようです。京都在勤中に病気で視力を失ったこともあって、王政復古のあと殿様が大坂に移ったあとも京都にとどまり、薩摩に捕まってしまいました。

ところが、なかなかの見識を持っているということで、戊辰戦争の最中から新政府に意見具申をする立場になっていました。そして木戸孝允《きどたかよし》の子分で京都府知事となった槇村正直《まきむらまさなお》の懐刀となりました。これが新《にい》

2013年のNHK大河ドラマ「八重の桜」で話題となった
新島襄が設立した同志社大学

島襄《じまじょう》の協力者となり、妹を新島と結婚させて同志社が成立したのですが、その過程で山本の人脈が生かされることになり、会津小鉄親分も山本との縁で仏教界の反対を抑えるために協力したようです。

そのあたりは、昭和四〇年代あたりまでは秘密でもなく、同志社大学の総長が書いた『山本覚馬伝』といった書物にも載っているため、大河ドラマでどう扱われるか楽しみにしていましたが、見事にスルーしていたのは『京都ぎらい』にも指摘されているとおりです。

きらわれない「お嬢さま」はどこに住んでいるのか

近代の京都については、この章の前半に書いたことや最終章の内容と重複するため、あまりここでは触れません。そのなかで、京都の都市構造に大きな影響を与えたのは、京都駅が地形の関係から町の南端にできたことでしょう。

何しろ東海道《とうかいどう》本線の開通時には東山トンネルさえ掘れずに、いったん現在の奈良線のルートで南下し、だいたい名神《めいしん》高速道路のルートを通って山科盆地に入り、現在の追分付近に大谷《おおたに》駅（現在は京阪《けいはん》電気鉄道京津《けいしん》線の駅）があり、日本初の鉄道トンネルである逢坂山《おうさかやま》トンネルが現在とは少し南側にありました。

大津市に入ると、いまの国道一号線のところを膳所《ぜぜ》駅（当時は馬場《ばば》駅）のところまで進み、スイッチバックして現在の浜大津《はまおおつ》港が終点でした。そのあとは鉄道連絡船で長浜《ながはま》まで結んでいました。

市内の交通は琵琶湖疏水《びわこそすい》の水を使った水力発電を活用して市電が縦横に敷設され、これが中心となりました。とくに東大路《ひがしおおじ》、北大路《きたおおじ》、西大路、九条《くじょう》通が環状線のようになりました。囲まれた地域の面積は平安京とさほど変わりませんが、東に一キロほどずれ、北に二キロほど伸びた形になっています。

昭和のはじめに都市計画によって市電沿線で土地区画整理が行われ、そこに都心に店舗を持つ裕福な経営者や高給取りの帝国大学教授、芸術家、高級サラリーマンが庭つきの一戸建て住宅を建てて移り住みました。そこで新しい土地の選好性というか、土地の「格」が明確となり、地価もそれに反映しています。

大阪でいうと船場《せんば》や堂島《どうじま》の富裕層が住居を南向き斜面の芦屋《あしや》など阪神間に移したよ

うなものです。京都の場合は盆地ですから周囲の山裾にそれが展開しました。洛北の北白川《きたしらかわ》、下鴨、洛西《らくさい》の衣笠、伏見の深草などがそれです。

戦後に住宅地は北白川からどんどん北に延びて岩倉あたりまで、さらには比叡山を登って大津市内の比叡平《ひえいだいら》や仰木《おおぎ》の里《さと》といった大規模開発住宅地へというように外側へと伸びていきました。

最近の傾向としては、室町や姉小路《あねやこうじ》界隈など市内中心部の伝統的な町並みのなかにマンションがどんどん増えていることや、伝統的な町家を改造して使うことが流行《はや》り始めています。改造町家も伝統地区のなかのマンションも、はじめはぎこちなかったのですが、だんだんデザイン能力も進歩して、なかなか京都的な魅力を感じさせる新しい町並みが現出するようになりました。

また、錦《にしき》通という東京でいえばアメ横《よこ》みたいな食品店街は、一時期は寂れかかっていましたが、いまでは立ち食いなどができるようになり、平日でも外国人を含めた観光客であふれ返っています。

たった二年で消えた「伏見市」と三つの伏見城

安土桃山《あづちももやま》時代というのは伏見城の跡が江戸時代に桃山と呼ばれたことに由来します。城跡に築かれた明治天皇の御陵も伏見桃山御陵と呼ばれていますが、この伏見がかつて独立した市だったことはあまり知られていません。

その伏見にとって京都から独立した、しかも日本の首都機能の一部を担った町であることを強調するかどうかはなかなか難しいところなのです。

伏見を市にしようという要望は明治三〇年代からありました。大正期には伏見の清酒の隆盛があり、このような伏見醸造界の好況と、官営奈良線（現・JR奈良線）、京阪電鉄、奈良電鉄（現・近鉄京都線）、市営電車（現在は廃止）が通過して市制移行の機運が高まりました。

一九二九（昭和四）年四月に伏見町が市制施行を京都府に申請し、京都府もこれを受け入れ、内務大臣の認可を経て、同年五月に「伏見市」が誕生しました。ただし、京都市への合併を将来受け入れるという条件があったようです。誕生から二年後に伏見市が財政で行きづまると、京都市と合併せざるをえない状況になりました。

伏見市側は二一ヵ条と希望条件九ヵ条を京都市に突きつけました。この要求は一部を除いてほぼ京都市側に受け入れられました。一九三一（昭和六）年三月に伏見市会は京都市との合併を条件つきで認めるとの議決を行い、四月に伏見市や深草町を中心とした南部地域の合併によって伏見区が誕生しています。

伏見の人からはしきりに伏見市のままのほうがよかったという声も聞こえます。しかし、伏見区という形で名は残っていますし、京都ブランドの利用価値も大きく、悪くないという見方もあります。伏見区と南区との境界地域には業務核地区が開発され、伏見区側には京セラ、南区側には任天堂《にんてんどう》の本社などがありますが、合併していなければこうした開発は行われなかったかもしれません。

豊臣秀吉は伏見城で亡くなりましたが、それまでの数年間は伏見が政務の中心でした。徳川家康《いえやす》も征夷大将軍《せいいたいしょうぐん》に任じられ、さらに大御所になってしばらくしたのち、駿府《すんぷ》（静岡市）に移る一六〇七（慶長《けいちょう》一二）年まではここで政務を執りました。つまり、十数年にわたって伏見は日本の実質的な首都だったというわけです。その伏見が市であったのは意外に知られていません。

『土佐日記《とさにっき》』によれば、紀貫之《きのつらゆき》が四国の任地から帰京したとき上陸したのは山崎の港でした。一行はここで下船してわが家に戻っていきました。そのころは琵琶湖から流れ出た宇治川《うじがわ》は巨椋池《おぐらいけ》という水深が浅い沼地に流れ込み、舟運には向かなかったため、山崎が終点だったのです。

豊臣秀吉は文禄堤《ぶんろくつつみ》という堤防を築いて巨椋池を分離し、巨椋池の北側を宇治川が流れるようにしたため、伏見まで大坂湾から舟で来られるようになりました。江戸時代になって、豪商の角倉了以《すみのくらりょうい》は高瀬川《たかせがわ》を開削して二条あたりの一之船入《いちのふないり》から伏見まで底の浅い小舟で下れるようにしました。森鷗外《もりおうがい》の『高瀬舟《たかせぶね》』で罪人が下っていく運河です。

幕末の伏見は港町として繁盛し、寺田屋《てらだや》のような舟宿が多く見られました。伏見奉行所が置かれ、参勤交代で江戸へ下る大名は朝廷との接触を幕府にいやがられ、伏見で泊まって山科から大津に抜けました。文化人などを京都から伏見に呼び寄せることもありました。

伏見のお城は四回築かれています。最初は指月橋《しげつきょう》という宇治川の橋の袂《たもと》にある丘

1964（昭和39）年に『洛中洛外図』をもとに
忠実に再建された伏見城

の上にありました。この場所は北朝の天皇たちが愛した場所で、戦後に臣籍降下した旧宮家のルーツである伏見宮《ふしみのみや》家は秀吉によって御所の北側に移されるまでここにありました。隠居所という趣の城でしたが、大地震で崩壊してしまいました。朝鮮遠征での軍紀違反で謹慎中だった加藤清正《かとうきよまさ》が最初に駆けつけた逸話で知られています。

秀吉は二期目の城を少し北東の木幡山《こはたやま》に築きました。秀吉が死んだのはこの城です。しかし、関《せき》ヶ《が》原《はら》の戦いの前夜の攻防戦で焼けてしまいました。

三期目のものは、徳川家康によって同じ場所に再建されました。一六〇三（慶長八）年に家康が将軍宣下《せんげ》を受けたのはこの城ですし、秀忠や家光も同じようにこの城に勅使を迎えて将軍となりました。

この城は一六二三（元和《げんな》九）年になって廃城となりました。跡には桃の木が植えられたため、いつしか桃山と呼ばれることになったのです。この城を廃したのは太閤《たいこう》・秀吉の思い出を消したかったからというのは俗説です。ここは徳川幕府発祥の地なのです。大坂城が手に入ったため、京都での滞在先は二条城、西国《さいごく》の押さえは大坂城でという役割分担にしたからです。

建物は天守閣が二条城に移されたのをはじめ、各地にもらわれていきましたが、皇居二重橋《にじゅうばし》の伏見櫓《ふしみやぐら》（東京都）、福山城《ふくやまじょう》の伏見櫓（広島県）、竹生島《ちくぶしま》神社（滋賀県）など全国に散らばっています。

現在の鉄筋コンクリートの天守閣は、かつての本丸が明治天皇陵になったために、少し外れたところに立っています。けばけばしく品がないという人も多くいますが、本来の桃山風の色彩感覚をほぼ忠実に再現したものです。

隣の滋賀県から見た京都の実像

京都と大津はわずか一〇キロしか離れておらず、うっかりすると太陽と地球のような関係になりかねません。近江は安土桃山時代が全盛期で、全国の人口の二・五パーセントを占め、石高ではいまの東北四県にあたる陸奥《むつ》に次ぐ大国でした。

江戸時代には新田開発の余地がなくなり、近江商人のような形で国外に活躍の場を求めるようになりました。京都でも老舗の多くが近江出身だということはすでに書いたとおりです。

近代になると海に面していないことがハンディになって発展せず、鉄道ができると京都のベッドタウンと化していきました。一九六〇年代になって日本で初めての高速道路である名神高速道路が開通すると一気に工場進出が進みました。

ちょうどこのころ、京都では革新府政のために開発が頓挫していましたし、地方分散を図る法律の規制もあったため、工場も大学も京都から滋賀県に移り始めて人口も全国で最も伸び率が高い県のひとつになり、一人あたりの所得も京都府を上回っています。

滋賀県民には京都に対する警戒感がつねにあります。二〇〇五（平成一七）年に京都府の知事が京滋《けいじ》合併も選択肢のひとつで、その場合には府庁は大津に持っていってもいいとまでいったことがあります。

私にいわせれば、少なくとも門前払いすることなく、選択肢としては残しておいていいと思いましたが、案の定、京都府民は真面目に相手にせず、滋賀県民は怒りました。実利面の打算もありましたが、互いにいやな京都人、現実的すぎる近江人と疑っているところがありました。

両県民の気質を、私は滋賀県人は「ノット・バット・イエス」、京都人は「イエス・バット・ノー」と表現したことがあります。滋賀県人をある店に連れて行こうとすると、「なんや、あの店、息子の代になってあかんと聞いたぞ」といい、食事が終わると「息子もなかなかがんばっとるな、まあよかったわ」となります。

それに対して京都では「そらうれしいどすわ。息子さんになってからまだ行ってへんので楽しみどすな」となります。しかし、あとで「息子さん気張ったはるねけど、やっぱりお父さんに比べたらまだまだどすな」となります。

しかし、両方とももっと互いを活用すればいいと思います。京都にとって滋賀県は京都に近くて京都のような束縛がないフロンティアです。京都のような個人主義でなく、地域の助け合いもさかんです。

滋賀県にとっては京都という国際的にも知名度の高い都市の隣にあることでメリットはさまざまありますし、東京などでは近江ブランドの値打ちは関西より高いのです。というのは、近江がなんといっても東国《とうごく》への出発点だからです。感覚的に京風の繊細さ優先が物足りない東京の消費者には滋賀県の産物は、ほどほどに京都の香りがして評価されやすいようです。

その典型が和菓子の世界で、「叶匠寿庵《かのうしょうじゅあん》」と「たねや」という二つの店がとくに東京で大成功していますが、それはそうした隙間をうまく突いたからでないかと私は思っています。

第二章

本当はいやみを言っても悪意はない京都人

直接叱る東京、他人の意見として伝える京都

本章から第四章までは、「日本の常識」と「京都の流儀」を比較する形で、「知って得する」「実践しないと損する」ような知恵を紹介していきます。「はじめに」でも書いたとおり、「東京の常識」というものが「日本の常識」をかたちづくっており、当然「日本」には京都も含まれますので、小見出しでは便宜的に「東京」としています。

電車のなかや病院の待合室で騒いでいる子どもをよく見かけます。そんなとき、「見てみぃ。あの小父《おじ》さん笑《わろ》うたはるで」と京都人はよくいいます。自分の子どもだったり、場合によってはよその子だったりしても、そんな叱《しか》り方をするのです。

子どもは騒ぐのをちょっとやめて、小父さんの顔をちらっと見て、そのままおとなしくなります。本当は自分が叱りたいのに他人の意見として伝えるのです。これが「小父さん怒ったはるで」でないところが、もうひとつのミソです。

自分は怒りたいけれども、子どもと対立関係を持ち込みたくない。また、他人を悪者にするのもおかしい。それが「小父さん」を借りてきて、しかも「怒ったはる」のではなく「笑うたはる」と、自分がみっともないことをしているのをソフトに自覚さ

せるのです。こういう形だと、子どもも反論しにくいですし、親から、あるいは他人から叱られて恥をかかされたという心持ちが起こらないため、素直にいうことを聞きやすいのです。

「お父ちゃんが、どうしてもあかんていいますのどすわ」という断り方も「京都の流儀」です。何かのサークルの会員になるようにすすめられたときや、何かものを買うようにいわれたとき、「お母ちゃん（あるいは主人）に相談してみますわ。そんなこと、よぉ自分で決められません」などといって、とりあえずその場をやりすごします。

そして、しばらくたって、また「こないだの話どうどす？」といわれたら、「お母ちゃんが、あんたなんか、そんな立派な会に入ったら笑われるだけやというたはります」とか、「主人がどうしてもあかんていうんどすわ」といって断ります。自分が断りたいのではなく、他人が了解してくれないことを盾に取って断るのです。

これでは断られたほうは反論しようがありません。せいぜい「みなさん、そういうようには思わへんのと違いますか」とか、「お宅のご主人も頭が固いどすな」とはいえますが、そこまでです。

そういうのを姑息《こそく》だという人もいるでしょうが、叱られたほうは、他人もいけないことだと思うかどうかを考えて判断すればいいですし、断られたほうも粘ってもしかたないから、人間関係としてはあとを引かないものです。つまり、意見としてはいうが強制はしない、いやなものはいやなのだから理由など聞かないでほしい、という意思表示なのです。

そうしたやりとりのなかで、子どもも部下も自分で忠告を生かして成長していけますし、ムダに粘って人間関係を犠牲にしたりせずにすむのです。

リーマン・ショックを見事に乗り切って名経営者としての地位を不動にした日本電産《にほんでんさん》会長兼社長CEOの永守重信《ながもりしげのぶ》氏は社交的なつきあいなどあまりしませんし、社員には厳しい経営者です。かつては「会議なんぞ仕事でないから休みの日にやれ」といったという伝説もあります。

ブラック企業とまではいいませんが、社員にとって厳しい会社といわれたのですが、評判が急転したのは、「いちばんの福利厚生は人員整理をしないこと」というスローガンのもと、社員たちと膝づめで話し合って危機を乗り切ってからです。

永守氏といえば、部下に厳しく、「給料の五倍働いて一人前の口を利いて良い」「二番というのは、一番に近いかビリに近いかと問われれば、それはビリに近い」（社内向けに出版された『挑戦への道』より）といったハードな経営理念で知られているのですが、一方で、「正論、すなわち理詰めで部下を追い込んでいかない」（『人を動かす人になれ！』三笠《みかさ》書房）といっています。

京都で育った人間として、逃げ場のない叱り方をすることは部下を追い込むことにしかなりません。それは会社のためにもならないということをわかっていたのでしょう。だからこそ一方向に偏った頭脳集団になることなく、柔軟で時代に応じた発想のできる会社となり、MBA（経営学修士）や中途採用で入ってきた社員をうまく生かせているのだと思います。評価を断定的に下さない、のっぴきならないところまで追い込む議論はしたくない、ということのメ

日本電産創業者の永守重信氏

リットも大きいということなのです。

別の角度からいえば、きちんとした評価をすることや、議論を重ねるということは、必ず相当なリスクとコストがかかるということでもあります。昨今の日本では、そうしたコストを無視してまでそれを要求しているのではないかと思いますし、それで失われている社会的なコストも大きいのです。

他人の目を意識させて本人の自覚を促す叱り方

人前で叱られて気持ちがいい人などいません。本当はいやなのに、断りづらいから、ついつい承知してしまうということも多くあります。納得できないまま、そのときは断りづらくて買ったとしても、その人は二度とその店に行かないでしょう。セールスマンがその事務所には二度と出入りしたくないような断り方をしたら、せっかくできていた会社と会社のつきあいまで損なわれてしまうかもしれません。

京都流に、柔らかに他人の目を気にするように教えてあげたり、軽やかにあとを引かないようにお断りしたりすると、ものがいいやすいのではないでしょうか。いわれたほうも、もっといい行動ができたり、もっといいものをつくったり、もっといい知恵が出せたりするまで、安心して次のチャンスを待つことができます。

部下を叱りたかったら、「俺はそうは思わないけど、うるさい人もいるから考えたほうがいいよ」、勧誘を断りたかったら、「うちのものわかりの悪い社長が、俺の趣味でないといって聞かないので、ごめんなさい」という。こんなやりとりをしたら、人間関係をギスギスさせませんし、ムダな時間をかけないですむこともあるはずです。

いまの大人は子どもや部下を叱ることが少なくなったと嘆く人がたくさんいますが、おとなしく叱責《しっせき》を聞いてくれればいいかというと、これがまたそうでもないようです。親や上司のいうことを素直に聞きすぎる子どもや部下は、自分が親や上司になったときに、なんとも押しつけがましく、ひとりよがりの行動を取りがちになります。

日本の伝統的な教育論のなかでよく挙げられるものに、会津武士の幼児教育があります。会津藩では武士の子弟への藩校「日新館《にっしんかん》」での厳しい教育が有名で、『童子《どうじ》訓《くん》』という「教育勅語」の会津版ともいえるものもよく知られます。

六歳ごろになると、そのなかにある「什《じゅう》の掟《おきて》」によって藩士の心得を叩《たた》き込まれたのですが、「ならぬことはならぬものです」という一句があります。

ダメといったらダメ。幼児教育のひとつのやり方として保守的な教育論を持つ人たちには人気がある言葉ですが、「親が着るなといったら、どんなに寒くても上着を着るな」といった意味のことが書かれているのを読むと、首をかしげざるをえません。

そういう絶対服従を強いられて大きくなった従順な子どもは、成長すると、逆に人の意見を聞かず、自分の意見を断固として曲げない大人になります。こういうタイプの人間ばかりが集まると、その集団はうまくいきません。

幕末の会津藩は優秀な人材がそろっていたのですが、藩主の松平容保が京都守護職だった時代から、藩内部の意見対立と妥協性のなさで、藩としての行動はつねに中途半端でした。もともと幕府軍の医師で会津側にあって戊辰戦争に参加した松本良順《まつもとりようじゆん》は、会津藩士たちが上下を問わず勇猛だが、「思想偏狭にして、各自その功を貪るより、一致するあたわず」、個人の功名に走り、統率に欠けていたと嘆いています。

人を育てるときには、頭ごなしにいうことを聞かせるよりは、相手の気持ちを尊重する部分があったほうがよさそうです。頭ごなしに叱るのは自尊心を傷つけがちです。

とくにいまどきの若い人や子どもはそうです。

人を叱ることや苦言を呈することは、つくづく難しいことです。友人同士や同僚相手はもちろん、部下や子どもに対してでも、それがきっかけでへそを曲げられることになりかねません。世の中は、みんな親に叱られるのは当然と思ってくれる従順な子どもばかりではありませんし、他人から叱られるとキレる若者もたくさんいます。

へたをすれば、お父さんが娘のことを「お前なんぞ」と叱ったら口をきいてもらえなくなるかもしれませんし、他人の子どもが電車のなかで大騒ぎしたり、携帯電話で大声で話したりしているのを注意などすれば、袋だたきにあうか、「このジジイが！」といやな言葉を浴びせられるかもしれません。

会社でさえも、叱られた新入社員が翌日から突然出社しなくなったというようなことはめずらしい事件ではなくなりました。

「京都の流儀」で、自分の意見を押しつけることなく、他人の目を意識させることで子どもの自覚を促すという方法は、応用範囲が広いのではないでしょうか。

「説明責任」を求める東京、「全部いうたらあかん」の京都

宮尾登美子《みやおとみこ》氏の小説に『松風の家《まつかぜのいえ》』というのがあります。宮尾氏には京都画壇を代表する女流画家・上村松園《うえむらしょうえん》氏をモデルにした『序の舞《じょのまい》』という作品があって、そちらのほうがよく知られていますが、それと対をなす京都二部作のひとつです。

明治から昭和にかけて、ようやく東京遷都による打撃から立ち直り、関東大震災で東京から多くのお金持ちや文化人が移って活気を取り戻したころの京都の伝統文化を担う人々の裏側を描いた作品です。

よそ者が京都を知るために実用的な書物ともいえますが、あまりにも濃い世界に、いささかうんざりしてしまうかもしれません。京都人にとっては、おじいちゃん、おばあちゃんが若いころ、どんな世界に生きていたかを感慨深く偲《しの》ぶことができる作品です。

『松風の家』は裏千家《うらせんけ》をモデルにしています。後之伴家《うしろのばんけ》と名づけられていますが、読めばどこのことかがすぐにわかります。江戸時代に表千家《おもてせんけ》は紀州《きしゅう》藩（和歌山県）、裏千家は加賀《かが》藩（石川県）の庇護《ひご》のもとにあったのですが、廃藩置県でそれを失いま

した。皇室やお公家さんたちが東京に引っ越してしまい、すっかり窮迫してしまった時期があるのです。

現在の裏千家は家元夫人に三笠宮《みかさのみや》家から容子《まさこ》内親王を迎え、東京での初釜には時の総理大臣がやってきますし、外国からの賓客が寺之内にある「今日庵《こんにちあん》」をしばしば訪れます。そうした歴史のなかのどん底の時代から、女性のお稽古ごととして人気が出て興隆に向かい始める時代までが描かれます。

その興隆への大功績者が裏千家一四代家元・無限斎碩叟《むげんさいせきそう》（淡々斎《たんたんさい》）氏夫人の故・千嘉代子《かよこ》氏です。後半ではその能力を見込まれて未来の家元夫人として仙台から嫁いでくる若い女性として描かれます。近年に隠居した鵬雲斎汎叟《ほううんさいはんそう》氏や塩月弥栄子《しおつきやえこ》氏の母親です。

宮尾登美子氏の「京都二部作」として知られる『松風の家』

小説では家元やその夫人をめぐる複雑な家族関係が、当事者にもなかなか教えていないのに、外の人から小耳に入った話などから徐々にわかっていく様子が描かれます。

本当のことを知ろうとすれば、「京に生れた人間が大人になるちゅうことは、ものの察しがようなるちゅうことや、世のなかには、暴《あば》いてはいかん真実というもんはいっぱいある。（中略）長追いはおやめやす。自分が苦しいだけどすえ」といわれるのです。

この台詞《せりふ》は、複雑な家庭事情に嫌気がさして家を出て引退した元家元の娘が、母と聞かされていた家元夫人とは別に実の母がいると外から聞いて、ぜひとも会いたいと父に迫り、位牌《いはい》を示されて、「母さまはもう（死んだのか）」と迫ったときに語られるものです。「自分が苦しいだけどすえ」「お前もいまに連れ添うひとでも出来たら、（中略）その辺り察しがつくようになりますやろ」と父から諭されたわけです。

これを読んだ作家の阿川弘之《あがわひろゆき》氏が書評を書いたとき、主人公の回想として出てくる「全部いうてはいかん」というキーワードに注目しました。まことによくできた書評だったため、作品が文庫化されたときに一緒に収められました。

「全部いうてはいかん」というのはいいえて妙です。もっとも京都人の感覚からいうと、このキーワードははっきりしすぎてストレートすぎる言い回しをしすぎているところはあります。

それでも、京都人の心持ちや「京都の流儀」というものを外の人にわかりやすいように、よく言い当てているように感じられるため、私も「京都の流儀」を説明するときにはよく使います。

陰険な世界のようでもありますが、よく考えてみると、そういう考えが意外に好都合なことが世の中にはよくあるのです。

「ほどらいに」の精神で人間関係はスムーズになる

京都人が好んで使う表現に「ほどらいに」というのがあります。「程合い」から転化した言葉らしいのですが、曖昧だが「ええ加減」でないところが肝心なところなのです。

たとえば深夜に目が覚めたら息子がしゃかりきに受験勉強をしているとして、「もう遅いさかいに、ほどらいにおしやす」というように使います。「遅くまで勉強してもいかんとはいわないが、ほどほどにしたほうがいいのではないかと思うのですが、どうでしょうか」というまことに軽いジャブなのです。こうした呼吸がうまく取れないと、京都ではお互いの関係を上手につくれないことになります。

京言葉が持つ曖昧さがないとこういう世界は成立しません。この宮尾氏の作品では京言葉や当時の東京の山の手言葉、さらには仙台の方言がじつに魅力的に表現されています。次期家元夫人の世話をするために一緒に京都に来た女性が、「京都のひとは何てはっきりしねんだすべ。煮えたんだか沸いたんだか、はっぱりわがんね。おなかの底と口とは別みたいだっちゃ」と嘆く場面があるのは笑えます。

明治維新期の京都のお公家さんは主流につかず離れずの態度で生き残りました。こうしたもの言いのなかで育つと外交官に向くようになります。京都からは意外に外交官が多く出ていて、最近ですと北朝鮮問題で話題になった田中均《たなかひとし》氏、『大地の咆哮《ほうこう》：元上海《シャンハイ》総領事が見た中国』で山本七平賞《やまもとしちへいしょう》を取った杉本信行《すぎもとのぶゆき》氏などがいます。

最近は以心伝心で言葉の綾《あや》を読み取ってくれるというのが、なかなか世の中で通じないようになっています。情報公開万能主義で、なんでもはっきりさせたがる人が多いからです。必要もなく隠すのはいけないことですが、思っていることや、事情があって表沙汰にしたくないことを少し曖昧にしておくことが、つねにダメなこととまではいえません。

昔は逆に「男は黙って」などというビールのコマーシャルが流行ったことがあって、日本では言い訳をしないとか、あまり感想やそう思った理由の説明をしないのが伝統の美徳だとされてきました。

それが説明責任などといって、なんでもかんでも状況や理由を説明しろという流れになっています。もっともプライバシー保護という別の流れがあって、互いに矛盾して、しばしば衝突しているのですが、大きな流れとしては情報公開や説明が求められる世の中になっています。

そうなると、医者にしても、腕より口先がうまいほうが「インフォームド・コンセントに長《た》けた名医」といわれたりします。教師が成績をつけたり、上司が勤務評定をしたりするにも、本当にこれがいいと信じる評価をつけるより、説明しやすいかどうかで点数をつけることになりがちです。役所でも大事なことについてはできるだけ文書をつくらないという傾向になりがちです。

このごろ、地方の首長さんには、連絡は携帯電話でしてほしい、手紙やメールはよこすなという人がじつは多くいます。将来、情報公開の対象になる可能性があるからです。そうなると、うっかり「どこどこの事業で不正が行われているのではないかという噂《うわさ》がありますが」などと耳にも入れられません。首長さんたちは、うっかり聞いてしまうと、不確かでもすぐに行動を起こさないと、あとで責任問題になりかねないからです。

知事さんの知り合いの学者が地元の大学に移ったということで、「県の仕事で何かお役に立つことがあったらよろしく」といったら、あとで電話がかかってきて、「なんで秘書も聞いているところであんなことをいうのか。こっそり電話でいってくれれば配慮できたのに、アポが記録に残るし、秘書まで聞いていたら、頼みを聞いたらどんなことが起きるかわからない」と叱られたという話を聞きます。

口に出した以上は白黒つけたり、細かく理由をいったりする必要が出てくるため、かえって何もいわないとか、かかわり合いにならないようにしようということになりがちです。

医者も難しい患者は敬遠したいとか、リスクがある治療はしたくないとなりますから、アメリカのように、飛行機で病人が出ても、設備が不十分なところでの治療は危険だということで、居合わせた医者が知らん顔をするということになりかねません。

情報公開はかなりの年月がたってからにするとか、守秘義務を課せられた監査委員だけが見ることができるといった方法を併用したらどうかと思います。なんでも知りたい、すぐに情報公開せよ、という方向に行ってしまいますが、それで本当に人間社会をうまく動かしていけるかは疑問だと思います。

むしろ京都人のように、まったく説明をしないとか、いいたいこともいわないわけではないものの、全部はっきりしてしまうのもよろしくないと考えるのも悪くないのではないでしょうか。オブラートに包んだり、ちょっとした逃げ道を上手に残したりする方法は否定すべきでないと思います。

「京都の流儀」は、なんとなくおおよそのことを知るくらいにとどめておく、あるいは知ってもそれをたしかめるために口に出すことは控える。むしろ本当のことを相手が知っているのかどうかすら曖昧なほうが人間関係がうまくいくという哲学で成り立っているのです。

はっきりものを言う東京、婉曲に伝える京都

「ゆっくり」「丁寧」「婉曲」というのが京言葉の特徴といわれます。関東の言葉と比べてもそうですが、同じ関西弁でも大阪はまったく違います。「それぇ、違いまっせ」というところが、京都だと「あのぉ、それえ、ちょっとぉ、違うんちゃうか思いますけどぉ」といった具合に違うのです。

関西弁では語尾が長く伸ばされることが多く、それがもったりした関西弁らしさを出します。国語の時間ではそんなことは教えませんが、できるだけ関西弁を忠実に表現しようと思ったら、語尾に母音を添えるといいです。

大阪在住のいしいひさいち氏の四コマ漫画の主人公は「のの子」ですが、「ののの子ォ」と表現されます。もし京都なら、さらに長く伸ばして「のの子ーオ」です。

「あのぉ」や「ちょっとぉ」というのが丁寧であり、「思いますけどぉ」と断定を避け

あ	
あいさに	時々
あかん	いけない
あこぎな	ずうずうしい
あじない	まずい
あて(うち)	私、自分
あほくさい	バカらしい
あらへん	ない
あんじょお	上手に
いいひん	居ない
いかつい	いかめしい
いけず	意地悪
いぬ	帰る
いらち	落ち着かない人
うっとこ	私のところ
えずくろしい	くどい
おいでやす	いらっしゃい
おおきに	ありがとう
おくれやす	ください
おこしやす	ようこそ
(〜で)おす	(〜で)ある
おぶー	お茶
おへん	ありません
おやかまっさん	お邪魔しました
か	
かなわん(わ)	いや(だわ)
かんにん(え、どすえ)	ごめんなさい(ね)
きずい	わがまま
きょーび	このごろ
きんの	昨日
けったい(な)	変(な)
さ	
しかつい	大人っぽい
しょーもない	つまらない
しよし	しなさい
しんきくさい	もどかしい
しんどい	疲れている
せつろしい	気ぜわしい
せわしない	忙しい
せんぐり	しょっちゅう
そーかて	そんなこといわれても
そーろと	ゆっくり大事に
そやかて	だって
た	
だいじおへん	構いません
たんと	たくさん
だんない	大丈夫
どーえ	どうですか
どす	です
どんつき	行き止まり
な	
なんぎ	困ったこと
ぬくい	暖かい
ねき	近くに
ねぶる	舐める
は	
はばかりさん	お手数かけまして
はばかりさん	ごくろうさま
(〜して)はる	(〜)される
はん	さん(呼称)
はんなり	上品で明るい
ぶぶ	お茶
べちゃこい	平べったい
べべ	服
べべた	どん尻
ほかし	捨てろ
ほっこりする	ひと息つく、ホッとする
ま	
まいどおおきに	いつもありがとう
まったり	ドロンとして柔らか
みとーみ	見てみなさい
むしやしない	軽食
もっさい	地味でさえない
や	
やすけない	安っぽい
やつし	めかすのが好きな人
ややこ	赤ん坊
(〜)やんか	(〜)でしょう
よんべ	昨夜
わ	
わや(や)	台なし(だ)

図表3　主な京言葉

るのが婉曲ということです。大阪弁は、それどころか、「ばーん」「ごつーん」など究極の擬音語や擬態語がちりばめられます。

大阪弁はきついばかりではなく、「ボケとツッコミ」といわれるように、厳しいことをいっておいて、受け手のほうが受け流すことで冗談にしてしまいますが、京都弁は最初から遠回しにします。

丁寧や婉曲というのは他人同士だけならわかるのですが、家族同士でも同様なのです。「したはる」といった敬語的表現を身内にも使います。あるいは「お父さん」などとさんづけをしますが、これは「お豆腐さん」「本願寺さん」など食べ物であろうと固有名詞であろうと同じです。

もっとも、言葉が丁寧であったり、少々婉曲であったりすることくらいは、よそ者にとっても実害はありません。むしろ気持ちいいのです。しかし、表向きの意味とは正反対の問いかけをされると、えらい目にあいかねません。それもルールを知ればそれなりに楽しめるはずです。

京都らしいものの言い回しにはシニカルなものが多くあります。「何着やはってもお似合いどすなぁ」といわれたら、「あんたはどんなもの着てもあかんわ！」ということもあります。

「お子さん、元気でよろしおすなぁ」といわれれば、「行儀の悪い子どもを放っておいて、親としてなんとかしたら？」ということだと思ったほうがいいといいます。京都人のいうことは反語的な真意があるのではないかと疑ってかかれば大恥をかかないでしょう。

よその地方の人間でもそういう言い方をすることはありますが、京都ではそれが頻繁ですし、あまりにもやさしい言葉でいわれるため勘違いしやすいということで、京都人の底意地が悪いからとはいえません。

「ぶぶ漬けでも」に込められた真意とは

「京のぶぶ漬け」という話があります。お昼前になったため帰ろうとしたら、「そうどすか。ぶぶ漬けでも思うてたんですけど」といわれて、京都の茶漬けはさぞうまかろう、大して値段の張るものでないから迷惑にならないと思って、「いや、京都の家庭料理をいただけるんやったら、そんなチャンスはめったにないと思うんで、お言葉に甘えさせてもらいます」といったら、相手は慌てた様子ですが、電話をして立派な弁当が出前で出てきたという話です。

解題すると、「ぶぶ漬けでも」というのは「出せるような食事の用意ができていない」ということです。京都人がお客さまに家庭料理を出すことはないのです。もし出すならプロの料理でなくては恥ずかしい。簡単には寿司《すし》やうなぎを出前で取りますし、本格的には仕出屋《しだしや》さんから運んでもらったり、家に来てつくってもらったりします。そこで出すのは家庭の主婦ではできないような料理でなくてはならないのです。

おばんざいのようなものを、たとえおいしくても出すわけにはいきません。いくらセンスがいいものでも、寝間着では人前に出られないのと同じです。「残念ながら用意がない」というのを「ぶぶ漬けでも」といったわけで、それが通じなかったというだけです。

ある祇園の女性について、生粋の京都人だが東京の大学や会社にいたこともある社長さんが、「このお母さんのいわはるボキャブラリーの数を数えたら、ほんまにちょっとやと思います。そやけど、表現力豊かなんが京都の京都たるとこですわ」と私にいったことがあります。つまり、ある程度慣れ親しんだ人にとっては、彼女の極端に少ない語彙から普通の人とは比べものにならないほど多くのニュアンスが発せられるというわけです。

京都人がごく普通に使う「ええんと違うぅ」というのは、そのシチュエーションや語尾のニュアンス、果ては顔色などで「いいですよ」「あなたがいいと思うのなら」「ちょっとどうすかね」などといったいろいろな意味になるのです。夏目漱石《なつめそうせき》が「おおきにぃ」というのが、しばしば拒否の言葉であることにとまどってから一〇〇年、京都はやはり不易流行の都市です。

京言葉とひとくくりにしますが、伝統的には御所言葉、職人言葉、中京言葉、花街言葉、農家言葉に分かれるという人もいます。井上氏が自分の言葉は愛宕訛《おたぎなま》りでないかと自問するのがわかります。私の母は滋賀県大津の女学校と京都の府立女専（旧・京都府立大学）の出身ですが、母の同級生で生粋の京都人に会うと、どの地区の出身で、どの女学校か、どんな商売の実家かということでまったく違う言葉なのに驚きました。

現代的には四つくらいの分類になってきたように思います。第一は伝統的な言い回しがそのまま残る純粋京言葉です。第二は若いころの三田寛子《みたひろこ》氏が使っていたような、もう少しラフな普段使いの言葉です。第三は左京区に住む大学教授などが使う、標準語に近いが、アクセントなどが京都風のインテリ言葉です。第四はルーツ不明な関西弁に少し伝統的な京都弁を取り入れたというべき新興住宅地言葉あたりです。

ドラマなどで京都出身の女優さんが京言葉を使っていると、やはり地元の人間としては安心します。

「草食系男子」を問題視する東京、価値を見いだす京都

「東男《あずまおとこ》に京女《きょうおんな》」といいます。坂本龍馬《さかもとりょうま》をはじめ、幕末の志士たちも京都のやさしい女性たちにコロリと参りました。それに対して京男に対する評価はあまり高くありません。

とはいえ、幕末維新にあって京都の公家たちの活躍が少なかったわけではありませ

ん。幕府の専制支配を覆した原動力になったのは五摂家など幕府に取り込まれた上級公家に反発した尊皇攘夷派の中堅公家が立ち上がって流れをつくったからです。明治になってからも、内閣制度ができる一八八五（明治一八）年までは太政大臣《だじょうだいじん》・三条実美が宰相でしたし、ナンバーツーは岩倉具視でした（一八八三＝明治一六年死去）。

その後は薩長《さっちょう》など下級武士出身者が優位になりますが、もともとお公家さんたちは武士に比べて絶対数が少なかったからしかたがありません。大日本帝国憲法にしても岩倉が基本路線を敷いて伊《い》藤博文《とうひろぶみ》に引き継いだものですし、その後も西園寺《さいおんじ》公望《きんもち》が長くリベラルな考え方の庇護者として君臨し続けました。

幕末維新で活躍した岩倉具視の公家姿

明治、大正、昭和、平成という各時代の天皇にしても、京都の宮廷文化の継承者としての一面を持っておられます。いうまでもなく、それも含めて、お公家さんたちの活躍は殿様たちよりよほど密度が濃いものでした。

お公家さんにかぎらず、政治、経済、社会福祉、学術、文化、芸能、スポーツなど、どの分野を取っても「草食系」らしき京都の男性たちの活躍はよその地域に引けを取るものではありません。

男の京言葉は気持ちが悪いという関東人もいますが、吉田茂《よしだしげる》を高く評価したことで注目され、いまや民進党《みんしんとう》国会議員で国土交通大臣、外務大臣などを歴任した前原誠司《まえはらせいじ》氏の師匠として知られる政治学者の高坂正堯《こうさかまさたか》氏は、高度な問題を柔らかい語り口で解説して人気がありました。

不良債権問題が話題になったころに活躍した元弁護士の中坊公平《なかぼうこうへい》氏もバブル崩壊後の時代にあって苦境から日本が抜け出す道筋をつけました。中坊氏は自分の精神は京都に育てられたといっています。当時、「平成の鬼平《おにへい》」として知られた中坊氏は京都に生まれ、中学から同志社で学び、京大に進んだ「おぼっちゃん」でした。聖護院《しょうごいん》の近くにある旅館「御殿荘《ごてんそう》」の経営者でもありました。

草食男子という言葉の生みの親である深澤真紀《ふかさわまき》氏は次のように書いています。

「草食の時代」というのは、戦後の高度成長からバブル期までの右肩上がりで過剰な欧米化と高度消費化をした時代に限界が訪れることで、「そこそこほどほど」に生きようとする若者が増えてきた時代だと思っています。（中略）

私は、「草食の時代」だからこそ、「自分をすり減らさず」に「メンテナンス」して「そこそこほどほどに機嫌良く生きていこう」と言い続けてきました。（「nikkei BPnet」連載『深澤真紀の草食の時代』最終回）

何事もそこそこ、ほどほどに、いい塩梅《あんばい》で、自分や周囲にムダなものを押しつけず、もったいないことをせず、人や自然との関係をメンテナンスしながら生きること。これは京都の人々が長いあいだ都を営んできた知恵につながります。努力することを否定はしないけれども、低成長の時代にあっては、あえて型から飛び出さず、中庸の立場で先を見きわめることが有益です。

時代は「肉食系」の縄文的社会から「草食系」の弥生的社会に

「草食系男子」の跋扈《ばっこ》は悲観すべきことではありません。荒々しさが感じられないことが仕事ができないこととイコールではないはずなのです。

縄文人《じょうもんじん》にルーツがある、いかにも力強く男性的なものがいいという美意識は日本人に広く分布しています。しかし、弥生人《やよいじん》に始まるやさしく自然調和型の文化こそが日本らしさであり、そこにこそ日本のよさも未来もあるのではないでしょうか。

縄文人と弥生人のどちらが日本人の祖先として大事かというのは、人類学の専門家には任せておきたくないテーマのようです。なんとなれば、どちらが正しいかということが日本文化論から国家観までに影響をおよぼすものだからです。

弥生人だということになれば、日本的であるということは、繊細で、おだやかで、自然順応型の文化が日本的だということになるし、縄文人だということになれば、荒々しい武士に象徴されるような力強い自然克服型の日本文化像が浮かび上がります。

東アジアのなかの日本を考える場合でも、縄文人なら日本人は中国人や韓国・朝鮮の人たちとだいぶ違った系統ということになりますが、弥生人なら大陸の人々にごく近い人種ということになります。

弥生時代はだいたい二三〇〇年前ごろに始まったらしいですから、われわれの先祖は中国で孔子《こうし》が生きていた春秋《しゅんじゅう》戦国《せんごく》時代や統一王朝ができた秦《しん》の始皇帝《しこうてい》の時代にはまだ大陸にいたことになります。

この論争は、学問的にはDNA鑑定や骨の分析などが発展してからほぼ決着がついていて、日本人の七割から八割が弥生系ということで間違いなさそうですが、アンケートを取れば、おそらく縄文人だといいたい人のほうが多そうです。とくに保守系の人たちはそう思いたがっています。自分たちの先祖が始皇帝のもとで中国人だったなどと思いたくないらしいです。

私はいまの中国人やその文化は三国《さんごく》時代や南北朝時代が終わって北方異民族によって建てられたかもしれない隋唐《ずいとう》帝国の系統を引くもので、われわれ日本人こそ漢の文化の正統的継承者だと思っています。たとえば合わせ襟の和服（呉服）は漢の時代の服装がそのまま残ったものだと胸を張ればいいと思ってあちこちで書いているのですが、あまり歓迎された覚えはありません。

いずれにせよ、縄文風が大好きな人にとっては、いかにもやさしい和風の文化が栄えた時代は堕落した時代に見えるようです。

かつてベストセラーになった『国民の歴史』（西尾幹二《にしおかんじ》氏著、産経新聞社）という本がありましたが、そこのカラー口絵に載っているのは、縄文土器、天平《てんぴょう》や鎌倉時代の仏教彫刻、浮世絵《うきよえ》でも東洲斎写楽《とうしゅうさいしゃらく》のようなものなど、いかにも縄文的な力強いというか、どれも怒っているような表情のものばかりでした。

こうした美意識では、縄文、天平、鎌倉、戦国、江戸といった時代の文化がすぐれたもので、弥生、平安、室町、それに江戸時代でも元禄《げんろく》など京都や関西地方が栄えたころの文化は低級なのだということになるらしいのです。国宝になっている彫刻や建築も、全般的に奈良時代や鎌倉時代のものが多く、平安時代や室町時代のものは少なくなっています。軍国主義の時代に培われた美意識の残滓《ざんし》ではないでしょうか。

日本料理は典型的にやさしく繊細さが取り柄で、迫力ではフランス料理や中華料理にかなうはずはありません。いくら運慶《うんけい》の仏像がダイナミックといっても、力強さではミケランジェロやロダンの敵ではありません。

とにかくマッチョであること、スケールが大きいこと、質実剛健なのが美徳で、やさしくおだやかなものはダメだという人が多くいます。やさしい表情は軟弱で、怒りに燃えていなければいけないらしいです。当然、京都の風景や文物などは堕落したものになるでしょうし、三方を山に囲まれた京都から関東平野の真ん中に遷都したから日本は発展したということになります。

京都の全盛期である室町時代は現在の日本人の生活文化をほぼつくりあげた文化の時代です。茶道、生け花、精進料理、漢詩文、能狂言、水墨画、襖《ふすま》・障子・畳や床の間に代表される和室、和風の庭など、どれをとってもこの時代の産物です。貨幣経済が確立したのもこの時代です。時はまさにルネサンスでした。

前にも書いたように、彫刻の世界では、天平時代や鎌倉時代の写実的なものの人気が高く、平安時代のものは力強さに欠けるといわれます。色彩ひとつを取っても、京都の色は淡く、模様も大胆で大きな柄より細かい模様が好まれます。

和歌でも感情を荒々しく噴出した『万葉集《まんようしゅう》』が評価され、長く和歌のお手本とされた『古今和歌集《こきんわかしゅう》』は、「貫之は下手《へた》な歌よみにて古今集はくだらぬ集に有之候《これありそうろう》。其《その》貫之や古今集を崇拝するは誠に気の知れぬことなどと申すものゝ」という正岡《まさおか》子規《しき》の評価以来、型にはまっていると低く見られがちです。

季節の移ろいなどに定型的なパターンを見いだし、生活のリズムを見いだすことが悪いことのはずはないのです。

『小倉百人一首《おぐらひゃくにんいっしゅ》』を選定した藤原定家《ふじわらのさだいえ》の流れを汲む冷泉《れいぜい》家は、いまも京都御所の北側に住んでいます。その女主人である冷泉貴実子《きみこ》氏は「私どもの歌は、いまの短歌とまったく違って、使う用語が決まっている。それは宮中の和歌が年中行事とともに発達してきたからだ」という趣旨のことをよくいっています。

西洋の自我のなかで生まれた芸術とは根本的に違い、梅に鶯《うぐいす》、もみじに鹿というように花鳥の織りなすパターンがあり、そこに四季の感動を見いだすことが日本の芸術でした。あくまで梅には鶯であって、もし梅で雀《すずめ》が鳴いたとしても、それを歌にはしないのです。正月に歌会があったとしましょう。それは、あくまでめでたい歌を詠むべき場であって、悲しみがあった人は、あえて出席しないのです。

「歌をうまく詠めるかどうかは、言葉をどれだけ知っているかで決まる」という趣旨のことを冷泉氏はよくいっています。日常生活でも「また雨降ってきたわ」というのと、「またしぐれてきたわ」というのではまったく違います。

共通の型があるということは、現代でいえば、みんなが同じ空気を読みやすいということなのです。縄文文化は、いってみれば自然に厳しく立ち向かおうという文化です。それに対する弥生文化は自然と仲よくしていこうという文化です。地球環境問題などが大きな関心になるなかでは、弥生的なものにこそ、もっと価値を見いだしていっていいのではないでしょうか。

女性が若さで勝負する東京、年を取っても気を抜かない京都

京都の年配の女性の着物の着こなしの見事さや、気を抜かない京言葉の会話の妙味は、さすがというほかありません。

「京美人」という言葉がありますが、実際に京都の女性に美人が多いかというと、そ

うとは思えません。そもそも京美人の特徴的な容貌とはどんなものかといわれても、よくわからないのです。

秋田美人といえば色が白く、肌がきめ細かくてふっくらした感じとか、長崎には南蛮人の子孫らしいエキゾティックな雰囲気の女性が多いということがありますが、芸能人で代表的な京美人を挙げろといわれても、挙がってくるのは京言葉を上手に使いこなす女性たちです。

山本富士子《やまもとふじこ》、森光子《もりみつこ》、富司純子《ふじすみこ》、三田寛子、山咲千里《やまざきせんり》、田畑智子《たばたともこ》、大信田礼子《おおしだれいこ》、安田美沙子《やすだみさこ》、仁科仁美《にしなひとみ》（敬称略。山本、富司、安田は「京都育ち」）などと並べても、容貌ということになると、まったく一貫性がありません。しいていえば、手入れがいいから肌がきれいだとか、関西は弥生系日本人の割合が多いことから日本人形的な顔立ちが目立つといえなくもないですが、目鼻立ちが際立っているわけでもスタイルがいいわけでもありません。舞妓《まいこ》さんがきれいといっても顔は厚化粧の下ですし、あの衣装だからスタイルも何もあったものではありません。

とはいっても、京都の女性が魅力的だということに否定的な人も少ないです。そこでよく考えてみると、若い京都女性がとくに魅力的だという人はあまりいないのに気づきます。京都の女性の評価を高くしているのは大人の女性、とくに年配の女性の魅力なのだと思います。

ロシアやイタリア、スペインの若い女性の美しさと、年を取ったときの変容ぶりは誰でも知っていることですが、どこでもそうだというわけではありません。「パリジェンヌ」などというと憧れを誘いますが、フランスの女性がとくに美形とは思えません。

イタリア人の目鼻立ちはローマ彫刻のようですし、ポーランド女性の透き通った肌と碧《あお》い瞳は妖精のようですが、フランス人は小柄で顔立ちも特徴がありません。それでもフランス人女性は魅力的だと思われています。輝くばかりのイタリア女性が太ってオバサンになってしまうころになって、フランスのマダムたちは輝き始めます。

何が違うのかと考えると、いつまでも美しくありたい、男性から魅力的だと見られたいという気持ちを持ち続けている点です。デザイナーのココ・シャネルは六〇歳をはるか超しても後ろ姿を見た若い男性に声をかけられたといいますが、歩き方やおしゃれがすばらしかったからでしょう。

これと同じなのが京都の女性たちです。祇園の女将《おかみ》に「いつまで女であり続けるのか」と聞いたら、黙って火鉢の灰をかき混ぜたといった話が小説にあります。「死んで灰になるまで」という意味です。京都のマダムたちの魅力は、彼女たちに社会的にも大きな役割が求められているからでしょう。

「女子アナ三〇歳定年説」などといいますが、若いときは持って生まれたものだけで十分に魅力的ですが、女性が年を取っても魅力的であるには努力がいります。それが発揮されるためには国や地域としての文化が必要です。

女性登用というと、やたらと若い女性が起用されます。女性の社会進出が本物になるためには、男性と年齢的に同じレベルの女性たちが活躍の場を与えられなくてはなりません。そこで必要なのは、女性が年を取っても魅力的であることです。別に日本でなくとも若い女性が魅力的であることは、男性からも女性からも広く認められています。

これまでの男性中心社会ゆえか、女性は結婚して子どもができると、それまでと同じような他人から魅力的だと見られたいという意欲を失ってしまうことが多いのが事実です。

「大人の女」の条件は「女将さん」から学べる

「女将さん」は京観光を支えるプロデューサーだといわれます。料亭や旅館、宿屋《やどや》の女主人を指す言葉として定着していますが、最近では、たとえば和菓子店の女主人など、旅館にかぎらず、京都でお客さまを迎えるさまざまな職種の女性たちを指すこともあります。

このところ、京都の観光産業を支える彼女らの役割はとみに評価が高まっています。出しゃばらず、引っ込みすぎず、絶好のおもてなしができる京都の女将さんたちに会って、あるべき女主人の役割に目覚めたという東京の有名フランス料理店のマダムもいたほどです。京都の町のこれからについて問うというようなときも、有識者のなかにしばしばこうした女将さんたちが入っているほどです。

せっかく名店に行くのなら、采配を振るい、お客さまを迎える女将さんと会話ができたら、旅もいっそう楽しくなるでしょう。

学校で「女将入門」を教えようという試みもあります。同志社女子大学などでは旅館での女将修業によって単位が取得できるという研修を始めています。学生たちは旅館に寝泊まりして、ふとんの上げ下ろしから配膳といった仲居《なかい》の仕事をはじめとして、出迎え、見送りなどの女将の役割も学んでいくのです。

伝統的には老舗に新しく嫁に来た女性が「若女将《わかおかみ》」と呼ばれ、姑《しゅうとめ》である女将さんから教えを受けてきました。あるいは、なじみのお客さまにも鍛えられたもので、「お客さまが育てる」といわれたものですが、いまやそれだけでは間に合わないようです。

女将さんのイメージは、まず和装です。舞妓さんの派手な衣装とは違い、身体になじんで動きやすく見えるそのさまは、仕事着としての和服の長所をよく感じることができます。

どんな季節に、どんな場面で、どんな着物やどんな小物をあしらうか。それは「着倒れ」といわれる京の町のなかで厳しく要求されます。昨今はその妙をわかるお客さまが少なくなり、張り合いも多少減っているでしょうが、だからといって気は抜けないものです。

女将さんは頻繁に挨拶状や礼状を書くためか、字が上手でなくてはなりません。京の名店の多くは歴史的に由緒のある建築物や庭園を持ち、しつらえについても一級の道具を扱うことが多くあります。

そうなると、どうしても建築や造園についての造詣が深く、飾る書画や生け花に審美眼があり、お客さまに出す陶磁器や漆器などの食器や料理についてくわしくならざるをえませんし、日々磨きをかけていく努力も必要となります。さらには人を束ねるリーダーシップも求められます。

祇園に生まれ、祇園に生きた三宅小《みやけこ》まめ氏は、『祇園に生きて』（同朋舎《どうほうしゃ》）で、八〇代でも現役の芸妓《げいぎ》さんがおり、自身もお座敷に出るために体調を整え、舞によって体を動かすくせがついているといいます。先代の片岡仁左衛門《かたおかにざえもん》氏が書いたこんな言葉がおもしろいと紹介されています。

皆さんとても若く、そうは見えません。失礼ないい方ですが、そのおばあさん芸妓がおばあさんそのまま、普通のおばあさんそのままでお座敷に来るのです。そして実にお座敷が面白いのです。（小《お》原《はら》源《げん》一郎《いちろう》、板《いた》倉《くら》有《ゆう》士《し》郎《ろう》『京・祇園：幽玄なる伝統美の世界』日本地域社会研究所所収「私の祇園」）

いい大人の男が、いい大人の女の価値を知ります。京都では普通にそんな素養が受け継がれてきたからこそ高い文化力を発揮できたのでしょう。

第三章　本当は保守的でもケチでもない京都流ビジネス

「お客さまは神さま」の東京、いいものを売って胸を張る京都

京都ではお客さまより店の人のほうが威張っていることが多いといわれます。少なくとも「買っていただいている」と一方的にへりくだるのとはまったく違う世界によく出会うのです。

「一見《いちげん》さんお断り」でなくても、決して入りやすくない、敷居が高そうな雰囲気の店に意を決して入っても、「どちらさんで」とか、「何かご用でっしゃろうか」といわれ、商品の見本もなく、話のとっかかりもつかめないことがあります。暖簾《のれん》や商品の自慢を聞かされ、感心しないと悪いような気にさせられることもあります。

それから、歴史上の有名人物や文化人が続々と登場するのもすごいです。「坂本龍馬さんもよおきゃはったとか聞いてますぅ」とか、素材について「三〇年もかけて美《み》山《やま》（南丹市《なんたんし》）の農家の屋根裏で寝かした」などといいたい放題です。

なんとなく気まずくなって建物の古さでもほめたら、「いや、戦いで何べんも焼けてますさかいに、たいしたことおへん」といわれ、「京都は戦災にはあわなかったんじゃないですか？」と聞き返したら、「いや、この前の応仁《おうにん》の乱《らん》で」というのは伝説

ことです。

としても、「蛤御門《はまぐりごもん》の変で」とか、「幕末のどんと焼けで」というくらいはよくある

応仁の乱というのは細川護熙《ほそかわもりひろ》元総理の父である護貞《もりさだ》氏が「細川家にはすごい家宝があるんでしょうな」と聞かれて、「いや、それほどでもありません。応仁の乱でほとんど焼けましたから」といったというのは本当らしいですが、京都の老舗が本当にそんなことをいうとは思えません。京都の町は江戸時代の大火で何度もほとんど焼けていて、中心部には幕末以前の建物などほとんどないのが本当のところです。

旅行者であろうが、地元の人間であろうが、京都の老舗に入ってその類いの自慢話に遭遇したら、調子を合わせるほうが無難です。

「やっぱり三〇〇年も続く老舗のもんは違いますすなぁ」「娘の嫁入り道具はお宅でそろえるのが夢と祖母がいってたのを聞いてました」「ちょっと見たところ似たものは東京でもありますけど、よく見ると細かいとこのつくりがいいですね」「安いんで、よそのものを使ってみたら、全然違うのがわかりました」などといえば、「そんなふうにいうてくれはるのやったら、値打ちもわかってもらえるやろと思うんで、ええも

んをお見せしますわ」ということになります。

ときには「うちの店へ来て毎日のように見たはる中年の女性がいやはって、ある日、意を決したように私を呼び止めて、『じつは離婚して夫の家で育った娘がおるんですけど、今度結婚するというんで記念にプレゼントしたいんですが、高いんでっしゃろな』とかいわはるんです」といった類いの涙なしには聞けないお話を聞かされることもあります。私はそういうのはあまり信用しないのですが、騙されたつもりになって他人に披露すると喜ばれることもありますし、得することもあります。

老舗のほうからすれば、そういった態度は自分のところの商品やサービスに付加価値をつけることになるのです。だから売るほうにとっても買うほうにとってもいいことなのです。売るほうがへりくだってばかりいると、そうはいきません。

店の人がやたらお客さまにへりくだるのは日本特有の現象ではないかと思います。パリで買い物をするとして、それほど高級ブティックでなくとも、お客さまが入ってくれば「何をお探しですか」と聞き、淡々と商品を見せたり説明をしたりして、お客さまが買わないとすれば「いろいろ見せていただいたのだけど、またにします」「そうですか、またどうぞ」と、あっさりしたものなのです。

手間をかけたから買わないと悪いということもありませんし、また来てもらいたいからといって、それほどベタベタしたこともいいません。まさに対等の取引のための話し合いなのです。選挙の演説でも「自分に投票すればあなたにとって明るい未来が待っている」とはいいますが、「私を議員にさせてください」というお願いなんぞしません。土下座をする候補者など想定外です。

「売り手」と「買い手」が対等であってこそ利益が生まれる

日本では下手《したて》に出て頼んだり相手の気分をよくさせたりするのがサービスであり、お客さまも有権者も相手の態度がいいか、あるいはどれだけへりくだっているかで評価を下しがちです。しかし、それはよりよいものを購入したり、サービスを受けたりするという目的からは少しずれた選択基準です。言い方を換えれば間違った選択をすることにつながっているのではないかと思います。

その最たるものは政治家選びで、その政治家がどんな政策を進めてくれるかでなく、おもしろそうとか、態度が殊勝であるといった、本来はどうでもいいことで投票先を決めてしまいます。それがまさに今日の政治の貧困と日本の没落につながっているとしか思えないのです。

じつは政治の世界でも、私の印象では京都の政治家はよそほどにはへりくだりません。よくも悪くも京都の独裁者だった蜷川虎三《にながわとらぞう》氏は府民に教えてやるといわんばかりの大学教授の風情を最後まで貫きましたし、その天敵といえた野中広務《のなかひろむ》氏も十分に実力者然として威張っていました。民進党の前原誠司氏は、おおよそ受けそうもない防衛論議ばかりして当選を続けています。京都で格別に強い共産党も有権者に媚《こ》びる党ではありません。

売り手と買い手であろうが、政治家と有権者であろうが、対等の大人同士の関係で、片方は自分の売ろうとしているものやサービスが買うほうにとってもいいことを説得し、買い手も相手の態度ではなく品物やサービスの値打ちで買うか選ぶかを決めます。そういう成熟した関係が日本社会のさまざまな場面で必要なのではないでしょうか。

日本では取引をするときには、どちらかがへりくだるのが普通なのに、京都の老舗はえらく威張っていて、それがありがたみのようですらあります。よく考えてみれば売り手が卑屈になる必要はなく、当事者が対等な立場であってこそ双方に満足のいく仕事が可能なのでないでしょうか。

「お客さまは神さま」というのが商人道の常識です。「一見さんお断り」かどうかはともかく、お客さまに対しては「買っていただく」という気持ちで接するのが日本の商人です。

どういうわけか、日本では売り手と買い手だけでなく、何か相手のある場合にどちらかが相手にへりくだることがやたらと多くあります。選挙でも候補者は有権者に「お願いします」を連呼し、やたらと頭を下げます。政治家は有権者にならせていただくものではなく、有権者のためになってあげるもののような気がするのですが、そんな態度では当選できそうもありません。

このごろは市役所や税務署から、挙げ句の果ては警察までもがサービス業意識に目覚めたのか、「すみません。制限時速を二〇キロほどオーバーなんですが、違反切符を切らせていただかなくてはならないのですが」といった具合です。

例外は医者、坊主、先生といったところで、とくに難病のときにかかる医者はご機嫌を損ねないほうが無難ですし、先生も内申書を悪く書かれてはたまらないから、気に食わないことでも我慢せざるをえないこともあります。

それでも、たいていの医者は患者を逃がしたくないからやたらと丁寧ですし、私立学校の先生は学校を辞める学生が出ると経営に差し障りがあるため、なんとか続けていただけるようにお願いする状態です。

どうも日本全体が「お客さまは神さま病」に取りつかれているようですが、これが本当にいいことなのでしょうか。そうではないというういい例を、京都の老舗は見せてくれます。

どんな客でも断らない東京、お客さまを厳選する京都

「一見さんお断り」というのは、紹介者がいないお客さまは取らないということです。料理屋や老舗の商店でもありますが、より典型的にはお茶屋さんです。

お茶屋さんはもともと祇園にお参りに来る人に文字どおり茶や酒を出す店であり、

それがだんだん場所を貸すところになったということで、以前は電話帳に「貸座敷業」として掲載されていたといいます。多くは普通の京町家の一階に自宅（帳場）があり、二階にいくつかの座敷と踊り場があって、お客さまは座敷で飲食しながら芸妓や舞妓の芸を味わい、しっとりした会話を楽しみます。

「祇園のお茶屋さんで遊んだら、身ぐるみはがされるみたいで怖い」という人がいるらしいのですが、決してそんなことはありません。

お茶屋さんで遊ぼうと思ったら、最初は誰かに紹介してもらって連絡し、女将さんに人数や予算を伝えると、それにふさわしい人数の芸妓さんや舞妓さん、三味線の地《じ》方《かた》さんなどを招き、料理や酒の算段もしてくれます。時間帯やメンバーに合わせて最上の「お座敷」をアレンジしてくれるのです。

その費用はもちろん、ときには二次会や芝居見物、帰りのタクシー代まで、さまざまな支払いを自分のところのツケにして、あとでお客さまに請求しますから、「一銭も持たずに祇園で遊ぶのが粋」といわれるのも納得できます。

当然のことながら、支払ってもらえないと困るから、きちんとした紹介者がいて信用でき、困れば介入してもらえるところだけを相手にしたほうが安心なのです。

お茶屋さんではお客さま一人ひとりの好みに合わせて精いっぱいのサービスをするのではありますが、自分たちの守備範囲を超えることはありません。お客さまのほうもお茶屋さんに頼んでできるものかどうか考えたうえでしか頼みません。

最初は人の紹介で来ても、次からは一見さんではなくなります。「祇園の人間からいうたら、お客さんにも私らのこと信用してほしいと思います。祇園の店はみんな、お客さんのことを親戚のように思うているんと違いますか。お客さんから『あんじょう頼みます』といわれたら、決して悪いようにはせえへんのどす。そういうても、なかなか信じてもらえまへんけどな」と、昔、あるお茶屋さんの女将さんが話していたといいます。

自分の流儀や趣味を評価してくれるお客さまだけを相手にしていれば、細かいところでは相手の趣味に合わせるにしても、自分の守備範囲や人脈のなかでちょっとした工夫《くふう》をすればすむということが大事なのです。

有象無象を相手にすると、思いもかけぬ無理な注文が来て対応に手間暇がかかりますし、その苦労ほどに感謝してもらえるかもわかりません。「一見さんお断り」は交渉コストを下げる知恵なのです。飛び込みのお客さまを相手にしていると、一時のブームのあいだはいいですが、すぐに潮が引くようにいなくなってしまうこともあります。

こういう商法には「お高くとまっている」とか、「敷居を高くして、せっかくのビジネスチャンスを失っている」という批判があるのですが、コスト面から考えれば、じつに合理的なやり方なのです。

京料理の名店とお茶屋さんとの関係も見逃せません。「知る人ぞ知る」割烹《かっぽう》の名店の多くは京都特有の細い路地《ろおじ》の奥など目立たない場所にあります。隠れ家のような店の小さなカウンターで、主人が手がけられる人数のお客さまだけを迎え、極上の料理とおもてなしを提供するわけです。

そこを最初に紹介するのが「コンシェルジュ」であるお茶屋さんの女将さんであり、その「お母さん」がすすめる割烹は間違いなくおいしく、訪れる人を満足させてくれます。その人の好みを熟知したお母さんがその人に合った割烹を選択しているのですから当たり前のことなのです。

お客さまの要望に合わせながらオーダーメイドの洋服のように料理を出すとしたら、事前にどんな年齢の、どんな好みのお客さまであるかを知っておかなければ、どれだけ時間的にも、コスト面でも合理的かわかりません。

そういうバカげたことにならないように、京都では「一見さんお断り」の伝統があって、お客さまを選ぶことでコストダウンを図っているのです。その発想はメーカーなどにも引き継がれています。

「一見さんお断り」でなくても、予約注文以外は受け付けない店も多くあります。和菓子の「嘯月《しょうげつ》」は一九一六(大正五)年創業で、初代は「虎屋黒川《とらやくろかわ》」で修業しました。店名は月に向かって虎が吠《ほ》えるさまを表す「月に嘯《うそぶ》く虎」という言葉から来たそうです。北区の住宅地のなかにひっそりあって、狭い玄関を入って、前日以前に予約して「来られる時間帯に合わせておつくりした」というお菓子を受け取るだけです。

先端産業分野にも生きる「一見さんお断り」の精神

「一見さんお断り」の論理は先端産業分野の京都企業にも生きています。ある機械メーカーの社長にこんな話を聞いたことがあります。

「うちが儲《もう》かっている秘訣《ひけつ》はお客さんを選んでいるからです。価格についてむちゃな要求をする、使う技術が低くて故障を起こす、うちの機械の悪口をいう、といった企業とはできるだけ取引をしない。また、これまでしていたとしても、無理におつきあいを続けようなどと思いません。だから高収益なのです。逆にいうと、こちらが選べるような製品やサービスを提供できるようにするということです」

この国では同じようなタイプの企業がお客さまを求めて争い、自分の首を絞めることが多すぎはしまいかと思います。その地獄から抜け出すことこそが着実に儲け、息長く生き残るための極意なのです。

販売員やマーケターは必ず「すべてのお客さまのニーズを満たすことこそ顧客獲得につながる」と訓練されます。しかし、京都の「一見さんお断り」は商売のセオリーに反しているように見えて、また別の合理性が見いだせます。

かつて日本航空《にほんこうくう》がおかしくなった原因は、政治的な配慮から地方路線を維持しなくてはならなかったからだという人が多くいますが、そんなのはウソで、過剰サービスが原因だったのではないかと思っています。

地方路線に起因する赤字は額においてはごく小さい割合でしょう。国鉄の赤字が議論されていたときにも営業係数（一〇〇円を稼ぐのに必要な金額）が一〇〇〇を超えるローカル線がやり玉に挙がっていましたが、総額にすれば取るに足らないものであって、実際の赤字のほとんどは東海道本線や東北本線といった幹線から来るものでした。鉄道でも航空機でも、ローカル線の維持は地域政策として必要かどうかの観点から論じ、必要なら国が補助をすればいいことです。さほど大きな予算はいらないはずです。

地方空港が苦戦する最大の原因は、羽田《はねだ》（東京国際空港）や伊丹《いたみ》（大阪国際空港）の発着枠が不足して東京便や大阪便を十分に飛ばせないことが大きかったのも忘れてはなりません。競争はあったほうがいいですが、たとえば普通の航空会社と格安航空の二社にするとか、関空（関西国際空港）と羽田、伊丹と成田《なりた》（成田国際空港）というように違う空港を使うとか、少しずれた形の競争にしたらどうかと思いました。

まったく同じサービスを提供するのでは価格のたたき合いだけになってしまいます。

本当の赤字の原因は何かといえば、過当競争と高コストです。日本航空と全日空《ぜんにっくう》が競合路線をいっぱい持っているのは、まことに理解に苦しみます。東京・大阪間にJR東海とJR東日本が並行する新幹線を走らせて競争しているようなもので、価格競争で互いに体力を消耗するだけです。

日本の航空会社、とくに日本航空にはかゆいところに手が届くきめ細かいサービスがあります。搭乗前でも乗ってからでも、いろいろ無理をいったり、質問をしたりすると、本当にいろいろしてくれました。全日空よりマニュアル化された度合いが少ないように感じられましたし、男性客室乗務員の割合が高いエールフランスの、テキパキしているが有無をいわさず「お任せください」といったものでなく、乗務員や社員がいろいろ工夫して知恵を出してくれました。

しかし、正直なところ、そういう個別対応のコストは高くつくだろうという気もしていました。もちろん海外などでは困ったときに安心だから日本航空を使うということもあったため、ムダではなかったでしょうが、それにしても、です。

日本では、しばしばお客さまは神さまだといいます。それがすぐに「メイヨー（ないよ）」ですませてしまう中国などとは大違いなどといわれたこともありますが、時と場合をわきまえない、あるいはサービスについて製造業に比べてコスト意識が低いといった問題点が見すごされていたのです。

商売は付加価値がないと考える東京、「世のため」と考える京都

京セラの創業者である稲盛和夫氏は、昭和の松下幸之助氏がそうであったように、「商人道」のカリスマ教祖といっていいと思います。

私は『松下政経塾が日本を滅ぼす』（幻冬舎《げんとうしゃ》）という本を書いたときに松下幸之助のことをだいぶ勉強したのですが、和歌山生まれの松下氏が創業したのは大阪市内であり、本社を構えたのは大阪郊外の門真《かどま》市ですが、京阪電鉄の沿線ですから京都から通う人も多く、本人も京都に住んでいたことがあります。

松下氏は東山の南禅寺《なんぜんじ》付近に「真々庵《しんしんあん》」というお屋敷を構え、そこを迎賓館兼思索の場としていました。系列のＰＨＰ研究所の本部はいまも京都駅前にあります。京都

国際会館にも多額の寄付をしましたし、坂本龍馬などの墓地を整備し、霊山《りょうぜん》神社や「幕末維新ミュージアム」を創設したのも松下氏です。しっかりした国家観を持った経済人でした。

同様に、稲盛和夫氏も経営者でありながら自分の経済活動や行いが社会にとってどういう意味があるのか、つねに問うてきた人です。鹿児島大学工学部を出て松風《しょうふう》工業という京都の中堅企業に勤めたあと、一九五九（昭和三四）年に起業しました。若手経営者として活躍を始めたころ、京都では革新府政が全盛で、左翼系の学者や文化人が幅をきかせていました。

松下電器産業（現・パナソニック）
創業者の松下幸之助氏

稲盛氏には企業家が彼らから「利益を追求する卑しい人」と低く見られているように思われました。「経済活動があって初めて社会はうまくいく」とひそかに自負していても、そうした社会的評価が「漠然とした不安」になっていました。

そんなときに老舗の経営者から、江戸時代の京都で活躍した町人学者である石田梅岩《いしだばいがん》の教えを聞いたのです。丹波亀岡《かめおか》（京都府亀岡市）の近郊で生まれ、一一歳のころに京都の呉服商に奉公に出て、いったん故郷に戻り、二三歳のときに京都で黒柳《くろやなぎ》家という呉服商に奉公し、二〇年近く番頭として勤めました。

「人間はいかに生きるべきか」「自分とは何か」などと哲学的なことを真剣に考えるようになり、朝早く起きて読書し、夜はみんなが寝静まってから勉学しました。四五歳で番頭を辞めて塾を開いたところ、大変な人気だったといいます。地下鉄の烏丸御池駅のすぐ近くの車屋町《くるまやちょう》御池上《あが》ルというところでのことです。

「商人が利益を得るのは侍が禄《ろく》を食《は》むのと変わらない」といった人です。梅岩の教えは「石門心学《せきもんしんがく》」と呼ばれ、商人の社会的役割の重要性を説き、暴利を貪ることを戒め、「勤勉、誠実、正直、倹約」こそが商売には必要であるとしていたのです。

この梅岩の言葉に稲盛氏は「利益を追求するわれわれに正当性を与えてくれた」と勇気づけられたといいます。「商いは先も立ち、我も立つ」「利を求むるに道あり」といった教えを消化し、「倫理観や道徳観は知識や理屈で知っているのではダメで、習い性《せい》となって自分の性格や人間性にまで浸透させねばならない」と考え、他者や自然との共存や調和を求める東洋思想に傾いていったのです。

世界の人がこれ以上の欲望肥大化を求めてはならない、仏教でいう「足るを知る」ことを基本に新しい経済哲学をつくりあげなければ二一世紀の経済は回っていかないと稲盛氏は結論づけたのです（「読売《よみうり》新聞」二〇〇七年八月二六日付）。

『都鄙問答』を著して「石門心学」を提唱した石田梅岩

梅岩の教えが今日にいたるまで多くの名だたる商人や企業家に尊敬されているのは、学問のなかで商人の論理をしっかり位置づけた初めての思想家だったからです。
ヨーロッパでは、学問は市民たち、つまり商人階級が主たる担い手になって発達してきました。大学は教会とともにつくられましたが、教会でも有力な聖職者たちの多くが都市の商人から出ていました。とくにメディチ家はルネサンス期のイタリア・フィレンツェで銀行家や政治家として活躍してフィレンツェの実質的な支配者となり、ヨーロッパ全体の政治や経済にも、ルネサンス文化の開花にも大きな役割を果たしています。

日本では、学問は公家や武士のもので、高僧たちの出身階層も同じでした。戦国時代に栄えた堺《さかい》（大阪府）や博多《はかた》（福岡県）といった商人の町にはヨーロッパと同じような市民層が誕生しつつあって、そこから千利休《せんのりきゅう》のような人も出てきましたが、江戸時代には教養は武家の専有物のようになっていました。

ですから、「商売は犬畜生の所業にほかならない」「商人と屏風は真《ま》っ直《す》ぐには立たず、曲がっているから立つ」などといわれたり、商人は自分では生産をせずに、人が汗水垂らしてつくったものを右から左に動かすだけで、手数料をかすめ取る汚い仕事と見られたりしていました。

商人の立場からすれば、どうも納得できず、彼らの気分を理論化して、しかもわかりやすく説明してくれる人がいなかったのですが、中小企業の平凡なサラリーマン重役にすぎなかった梅岩が、京都という学問の師にこと欠かない環境を生かして、ほとんど独学で実現したのです。

石田梅岩の「石門心学」と近江商人の「三方よし」

梅岩の思想の基本は当時において支配的だった朱子学《しゅしがく》にあります。朱子学が説く「天命論」をベースに、商業活動を天から人間に与えられた一生をかけて行うべき命令のひとつのあり方としました。さらに儒教や仏教、神道の思想を広く取り入れて商人の本音を体系化したのです。我田引水的なところもあるのですが、本質は踏み外していません。

無料講座には婦女子もやってきて、いつも大盛況でしたが、ある寒い晩、たまたま受講者がひとりしかいなかったことがありました。その受講生は「自分ひとりのために講義していただくのは気が引けるから、今晩は休講にしましょう」と申し出ました。しかし、梅岩は「君ひとりいれば十分だよ」といって、いつもどおりに講義を行いました。「たったひとりのお客さまこそ、一万のお客さまと思え」という教えをみずから実践したのです。

梅岩の著作『都鄙問答《とひもんどう》』では、「実《まこと》の商人は、先も立、我も立つことを思うなり」、つまり「自分だけが儲かり、相手が損するのは本当の商いではない。そのためには正直ということを大切にせよ。お客さまに喜んで納得して買ってもらおうとする心を持って、商品にはつねに気を配れ。そして適正利潤を得るようにすれば、みんなが幸せになる。それから外れないために倹約の心を忘れるな」と説いたわけです。

そして商売繁盛のためには「他人を思いやる心、人として正しい心、相手を敬う心、商品に知恵を生かす心、この仁《じん》・義《ぎ》・礼《れい》・智《ち》の四つの心を備えれば顧客の信用・信頼をつかんで商売は必ずや繁盛する」として、石門心学は全国の商人の精神的な支えとなりました。

現実的な損得を超越することによって社会的な正義を実現しようとするのが武士道です。簡単にいうと「自分の利益ではなく全体を考えろ」ということなのです。それに対して、梅岩の考え方は、現実的な利益を追求するなかでこそ、自分のためだけではなく、すべての人々にとっても好都合ないい社会が実現できるというもので、「利益は相手と分かち合おう」という商人道を打ち立てたのです。

梅岩の考え方に通じる商人道の名言であり、近江商人の精神を凝縮した言葉として知られるのが「売り手よし、買い手よし、世間よし」というものがあります。

江戸日本橋《にほんばし》、大阪船場、そして京都室町というのは江戸時代から明治にかけて大商人たちが競って軒を並べた場所ですが、呉服など繊維関係の店が多く、日本を代表する近代企業に発展したものも多くあります。こうした場所で商売をすることは全国の商人たちの憧れであり、店を構えることは大変名誉なことでしたが、それにふさわしい「商人道の王道」というべき高い倫理も求められたものです。

そのなかで最大の勢力は近江商人でした。出身地がそうだというだけでなく、本宅を近江に持って家族をそこに住ませたままだったり、丁稚《でっち》は近江からしか取らないといったりするところもありました。

商いは何より自分で儲けて生計を立て、子孫のために美田を残すのが目的なのですから、世のため、人のために役に立つのがもっぱら目標だなどというのは偽善的だと彼らは考えます。ですから「売り手よし」が最初に来るのです。しかし、お客さまに満足してもらえなかったり、世間の評判が悪くなったりしては長続きもしませんし、人の道にも反しますから、「買い手よし」「世間よし」なのです。

武士が威張っていて、しかも町人のことを農民などより一段低く見がちだったこの時代にあって、商人たちはこうした矜持《きょうじ》があるからこそ卑屈になることなく堂々と生きていたのです。

江戸中期にあたる一八世紀半ばに、麻布《あさふ》商の中村治兵衛《なかむらじへえ》が二四カ条からなる行商の心得を跡取りに書き残しています。その文書は三メートルもの長さにわたって書かれています。

「商品を買った人が、いい買い物をしたと思ってくれるような商売をしろ」「一度に大きな利益を得ようとしてはいけない」「行商先ではお客さまだけではなく、その地の人々を大切にしろ」というようなことが書かれていました。

この文書を原典にして、のちに学者や研究者によってこの「売り手よし、買い手よし、世間よし」の言葉に集約されたのです。近江商人の「自利、利他」の精神や、商道徳の神髄を示す「三方《さんぼう》よし」の哲学として多くの京都の老舗の家訓にもなっていることが汲み取れるからです。

「三方よし」は「人間はなぜ働くのか」という問いへの答えにもなっていますし、働く目的が個人生活の充足（売り手よし）と社会貢献（買い手よし、世間よし）という公共性にあることを短い言葉で言い尽くしているのです。

ムダが多い東京、「始末」がうまい京都

京の家庭料理のことを「おばんざい」といいますが、これは「始末しながらおいしく食べる知恵のオンパレードだ」といわれます。料理研究家の大村《おおむら》しげ氏は『京暮し』（暮しの手帖《てちょう》社）で「ほかす（捨てる）ものにもおじぎをしたいくらいです」という表現をされています。

大村氏の書物には、ひねた水菜の漬物が残ると、次の日には、その残りとお揚げさんと豆腐を炊いたものをおかずにするといった、京の庶民のつつましい生活が紹介されています。

おばんざいでは、ひとつの食材から何とおりのお惣菜《そうざい》がつくれるか、それこそが台

所での主婦の才覚の見せどころです。大根は買った日は新鮮でシャキッとしていますから、にんじんと酢の物と大根おろし。二日目は軽くゆでて田楽《でんがく》に。三日目はよく煮込んだおでんに。残った野菜はかす汁、お好み焼き、カレーなどに使えます。

「使えるものは使う。使えるあいだは使う。捨てるものはない。なんでも置いておいたら、いつか、何かの役に立つ」――始末するという考え方は工夫を生むことになる。「使い捨て」ではなく「使い切る」ことこそが京の始末なのです。

贅沢に見える着物もリサイクル文化のたまものです。よそいきの着物は最初は白生地から染め上げますが、長いあいだ使って身に合わなくなってきたり、色があせてきたりしたときなど、もう一度、布地に戻して染め替えることができます。

「娘も大きなったんで、私の着物を染め替えてやろかな」となると、最近ではほとんど見なくなった染物屋（悉皆屋《しっかいや》）に見本を見せてもらいます。柄や色が決まると、糸をほどいて布地にして、いったん洗い張りをして染め上げ、仕立てまでして持ってきてくれます。

京都の下町を歩くと悉皆屋さんの看板が多いのに驚きます。洋服なら古着として使うしかありませんが、まったく新しい着物に生まれ変わるのです。傷んだりしたら、使える布地だけ染めて子どもの着物にもできますし、小布《こぎれ》に小豆をつめればお手玉になり、手芸の材料にもなります。

悉皆屋の伝承技術で東日本大震災で被災した着物の復元に貢献した「リファイン」工場長の松見進次氏

わが家にも呉服屋だったおばあちゃんがつくった小袋などがいっぱいあって、祖母を偲ぶよすがになりますし、外国人にお土産にあげても喜ばれます。普段着はモスリン（メリンス）がほとんどでしたが、着倒したモスリンの古着は掃除用のはたきになりました。

京の町中に育った寿岳章子《じゅがくあきこ》氏は著書『京都町なかの暮らし』（草思社《そうししゃ》）で、一家総出で古着からはたきをつくった子ども時代を回顧しています。

うちにもたくさんのモスリンの古着があった。それらをきちんと母が整理して持っているのを、さあ、はたき作りの日となると押入れから出してくる。くたくたになった貧相な古いはたきの先をはずし、母がシャッシャッと裂いたのを父がきちっとまとめ、竹の先にくっつけ、絶対抜けないようにきりりと麻の緒でゆわえて仕上げる。

京都人は個人主義を互いに大事にしますが、利己主義はきらうといわれます。都会人らしい考え方ではないでしょうか。

「始末する」という京言葉もあります。ムダな支出を抑えて節約することをいうのですが、じつにいい言葉です。その反対語は何かといえば、ひとつはムダづかいですが、もうひとつは「吝嗇《りんしょく》」だと思います。「ケチ」というのがこの文脈のなかでどこに位置するかは微妙で、「吝嗇」に少し似たニュアンスもないわけではないのですが、吝嗇はむしろ「がめつい」というのに近いニュアンスだといえます。

「がめつい」というのは相手の迷惑も顧みずに自分の利益ばかりを図ろうとすることをいいます。「ケチ」は相手のあるなしにかかわらず、少しくらいみっともないことを承知で節約することでしょうか。「吝嗇」という言葉には目先の利益を考えすぎて長い目では損をするのではないかというニュアンスが入ってきます。

いずれにしても、こうした言葉には否定的なニュアンスがなにがしかあるのですが、そこにいくと「始末する」という言葉にはそうしたものがまったくないのです。他人に迷惑をかけませんし、体面を汚すようなみみっちいこともしませんが、それでいて支出を抑えるということです。

たとえば使用済みの紙の裏側を使う、少し厚着をして暖房の温度を下げる、これまで車で行っていたところに自転車で行くなどはすべて「始末する」ことだから、エコロジーにも大変いいということになります。

京都の会社では、たとえ大企業であっても社内の部門間や本社・支社間の連絡用封筒は、宛名に紙を貼ったり、「本社⇕○○店」と往復便にしたりして何度でも使い回しています。近年流行した言葉でいう「もったいない」にも通じるところがありますが、もう少し能動的で積極的なニュアンスもあります。

「祇園に一〇〇万円出しても、飲みたくないコーヒーには、たとえ代金が二〇〇円でも払いたくない」というのは京都西陣の老舗問屋である木村卯兵衛《きむらうへい》株式会社の九代目当主・木村卯兵衛氏の有名な言葉です。「祇園に一〇〇万円も出すというのは、豪勢に遊んでいると思われるけれど、そこから有益な情報が入ることはあまり知られていない。生きた銭というのは企業存続のための布石となる」、ところが「二〇〇円といえども、挨拶程度でコーヒーを飲むのはムダづかい」といい、チリも積もれば山となるのであって、これが「始末」することなのだというのです。

別の老舗問屋の主人がいうのは、「祇園で倹約しようなどと思わないほうがいい。むしろ気前よすぎるくらいに払えば、必ずそれ以上に返ってくるものがあるというのが祇園というところですわ」といいます。

目先の節約のために伝統を壊すと必ず報いが来る

京漆器の老舗で、贈答品として東京でもよく知られている「象彦《ぞうひこ》」という店があります。日本の漆工芸は古くから欧米諸国で評価されていました。陶磁器を「china」と呼ぶように、漆器は「japan」と呼ばれたくらいです。

その漆器で宮内庁御用達《ごようたし》を誇る老舗が「象彦」です。一六六一（寛文元《かんぶん》）年創業で、もともとは「象牙屋《ぞうげや》」という屋号でした。西村彦兵衛《にしむらひこべえ》が当主になる前の象牙屋は唐物《からもの》道具商と漆器道具商を兼業した北本家と、唐物道具商だけを営む南本家に分かれていましたが、創業一〇〇年余を経たころに両本家とも絶え、別家筆頭の西村家が象牙屋を継承しました。

三代目の彦兵衛は蒔絵《まきえ》技術に秀でており、菩提寺《ぼだいじ》に奉納した白象と普賢菩薩《ふげんぼさつ》を描いた蒔絵額が京都中で大評判になりました。人々はその額を象牙屋の「象」と彦兵衛の「彦」を取って「象彦の額」と呼ぶようになりました。やがてそれが象牙屋に取って代わって屋号となったのです。当代は九代目ですが、創業からですと一四代目にあたります。伝統を生かしつつ、現代の生活様式に合わせた漆器をつくりだし、贈答用にとくに高い人気を誇ります。

中興の祖といわれた西村彦兵衛が家訓としたのは、「暮らしはできるだけ質素にすることです。しかしながら、昔から決まっている事柄まで省くのはよくない」ということです。目先の小さな節約のために伝統を絶やしてしまうようなことをすると、その報いが必ず来るという教えです。

倹約の精神は禁欲に通じます。欲望肥大を抑制する心でもあるのです。欲望には人間が向上するための原動力という一面があります。大事なのは、欲望のままに任せるか、自制する心を育ませるかということです。

お金持ちになるいちばんの早道はムダな出費をしないことです。使ったお金には必ず見返りがあるといったところで、コストをすべて経費として税務署に認めてもらうのは難しいということだけを考えても、節約こそが最大の利殖法であるというのは一理あると思います。

ところが、身につかぬ儲けをすると、使わないと悪いような気がするらしいのです。その最たるものが芸能界でしょう。若いうちから法外な金を稼ぐと、とんでもない生活にお金を使い、身を持ち崩すことが多いのがわかります。

浪費は困りますが、節約しすぎるのもよろしくないようです。行きすぎた節約はまわりの人にとっても世間にとっても迷惑このうえないことです。誰も困らない節約法は何かというと、京都人がいう「始末する」ということなのです。

芸能界にかぎらず、成功者がまずお金を使うのが豪華な自宅です。少なくとも財産になると思うらしいのですが、成金趣味の超個性的な家には買い手などつきませんし、維持するだけでもコストがべらぼうにかかります。

かといって、せっかく大金持ちになっても使わないのではバカげています。使ってこそ儲けたお金が意味を持ちますし、国民経済のためにもよろしくありません。

一時、ロシア経済が好調でしたが、私はそう長持ちしないと思っていました。あのころ、世界でいちばん豪華な支出はロシア人のものといわれました。イギリスのサッカーのチームを買って世界中からスター選手を集めました。イタリアのレストランを借り切って、ひとり数十万もかけて飲食しました。フランスのワインからスペインのイベリコ豚まで最高級品はなんでもロシア人御用達でした。こうして、せっかくの資源で得たお金はすぐに使い果たされていくだけなのです。

なぜ、インドが先進国の仲間入りを果たせないのかというと、せっかく儲けても使わないからです。たとえば彼らは成功するとブラーマン階級（カーストで最高位）の真似《まね》をして菜食主義者になります。経済は儲けた人が投資や消費を拡大してこそ成長するのであって、その循環が生まれないのでは、経済は発展しないのです。

一国の経済成長のためには、ムダづかいは困りますが、使わないのもいけないのです。そのあたりがほどよいことになるのが最もいいのです。その最適解の実現のためには、そういう方向に持っていける風土なり文化がなくてはなりませんし、始末する一方で、使うべきときはちゃんと使うという京都の風土は、まことに好ましいものに見えるのです。

老舗が同じものをつくり続ける東京、挑戦し続ける京都

京都商工会議所の副会頭だった小谷隆一《こたにりゅういち》氏は、全国的な一般での知名度はありませんが、京都を代表する財界人でした。日本青年会議所の会頭やロータリークラブのガバナーを務めました。裏千家の老分職《おいぶんしょく》として経済界と伝統的なお稽古ごとなどの世界のパイプ役として、なくてはならない存在でした。旧制松本《まつもと》高校（現・信州《しんしゅう》

大学）で作家の北杜夫《きたもりお》氏、『背徳者ユリアヌス』などで知られる辻邦生《つじくにお》氏と同級生で、辻氏が世に出たときには、だいぶバックアップをしたらしいです。

　小谷氏の会社であるイセトーは、もともと一八五五（安政二）年創業の伊勢藤《いせとう》という呉服を包むための文庫紙《ぶんこし》の製造を家業としていました。高価な着物を包むには丈夫で長持ちしなくてはならないため、伝統的だが高度な技術を持っていました。

　しかし、和装は斜陽産業ですし、市場規模からいっても大発展は望めません。そこで伝統技術を生かしつつ、ハトロン紙の裁断、さらには一九五三（昭和二八）年からは住友電工《すみともでんこう》の依頼を受けてコンピュータ用連続用紙に進出しました。これは年配の方には見覚えがある長いパンチ穴が入った紙です。さらには、いまではおなじみになっていますが、書状に印刷した住所が封を切らなくても見える小窓つき封筒などを開発して成功しました。

　その小谷氏が日本料理の海外への普及と日仏の料理文化の交流のきっかけをつくったことがありました。ジョエル・ロブションといえば、一九八〇年代後半から一九九〇年代にかけて世界最高のシェフといわれていた人です。日本びいきで、その料理は日本料理から大きな影響を受けていることでも知られています。

かつてパリにホテルニッコー・ド・パリがありました。日本資本によるヨーロッパでの本格ホテルの嚆矢《こうし》として注目されたものですが、ここに「弁慶《べんけい》」という日本レストランがありました。最初のころはひどいもので、ここで食事をした日本航空の社長が日本の恥だと怒ったといいます。

そこでホテルの運営会社の幹部が旧知の小谷氏に相談したところ、小谷氏は京料理の名店「たん熊北店《くまきたみせ》」の主人である栗栖正一《くりすまさかず》氏に相談しました。しくみは京都ホテルがあいだに入って少し複雑でしたが、たん熊が実質的に協力することになりました。栗栖氏は海外で日本料理の真価を見せたいという仕事に大乗り気で、自分がパリに引っ越すとまでいったらしいです。まわりに止められて、若い弟子の衣川清志《きぬがわきよし》氏を派遣することにして、自身は準備に乗り込むことにしました。

この新しい「弁慶」は大成功しましたが、同じホテルのフランス料理店「セレブリティ」のシェフがロブションでした。彼はしばしば「弁慶」の厨房《ちゅうぼう》を訪れて日本料理を学び、世界の頂点にのぼりつめるために役立つ数々のヒントを得たようでした。

「弁慶」では「セレブリティ」のデザートも出していたため、最高水準の日本料理とフランスのスイーツという夢のような組み合わせが可能でした。そのころのセレブリティのパティシエは、いまでは世界最高クラスのチョコレート職人として知られるジャン＝ポール・エヴァンでした。

ロブションはのちにカウンター式のレストランなども試み、東京の六本木《ろっぽんぎ》ヒルズには「ラトリエ ドゥ ジョエル・ロブション」という店があります。じつはこのカウンター割烹という形式は、「たん熊」の初代である栗栖熊三郎《くまさぶろう》氏が考案したものといわれます。

その後、衣川氏はいったん帰国して京都のリーガロイヤルホテルの「たん熊」の責任者を務めたあと独立し、パリで「衣川」というレストランを開きました。海外での初めての本格的な高級料理店として評価を高め、音楽家の小澤征爾《おざわせいじ》氏はここで食事をしたいために近くのホテル・ル ムーリスを定宿にしたとか、夜遅くなるとカトリーヌ・ドヌーブのようなスターたちが集まってくるといった数々の伝説を生みました。

私は一度、「衣川」で小谷、辻の両氏と食事したことがありますが、まさに忘れがたい思い出で、ここに紹介したエピソードもそのときに聞いたものです。その「衣川」が日本料理店で初めてミシュランの星つきになるかといわれた矢先に衣川氏ががんで死去したのは、まことに残念なことでした。

挑戦し続ける老舗①——裏千家と『冠婚葬祭入門』

企業ではありませんが、裏千家もこの時期に大発展しています。女性の教養として茶道が不可欠のものとして認識させたことによるものです。一九七〇年には当時の家元（鵬雲斎）の姉である塩月弥栄子氏が『冠婚葬祭入門』（光文社《こうぶんしゃ》カッパ・ホームス）を出版して三〇〇万部以上を売りました。養老孟司《ようろうたけし》氏の『バカの壁』（新潮《しんちょう》新書）の出現まで史上最大のベストセラーといわれた本です。

核家族化が進んだこの年に行われた国勢調査では、世帯総数は五年前の調査からじつに一五・七％も増えていました。一世帯あたりの人数は四人を切って三・七二人に落ち込みました。理想の暮らし像として「家つき、カーつき、ババア抜き」という言葉がすでに一九六〇年代から語られてきましたが、この「ババア抜き」が現実のものとなった時代でした。

家に年長者がいなくなると、当然のこととして冠婚葬祭ごとの対処方法がわからなくなります。そんな時代にバイブルとなったのがこの本であり、著者が裏千家出身であったことから、茶道の家元は礼儀作法の権威でもあり、ひいては伝統的価値観の家元とみなされるようになったのです。

裏千家が国際的な名声を確立したのもこのころで、その陰には外務省の新人研修に京都裏千家訪問を組み込ませるといった工夫もなされました。折しも創立された京都国際会館に初代理事長だった松下幸之助氏の寄付で「宝松庵《ほうしょうあん》」と呼ばれる茶室が設けられたというのも、政財界も巻き込んだ見事な戦略を見ることができます。茶道は松下政経塾でも必須の科目になりましたし、卒塾生の選挙の応援もやっていたため、政治の世界での力も増したというわけです。

弘法大師《こうぼうだいし》の時代から銅製の仏具を製造している傳來工房《でんらいこうぼう》は戦後、エクステリアの分野に進出しました。現代建築になくてはならない外装材のカーテンウォール、高級ドア、門などが経済の成長とともに大躍進しました。バブルの終焉《しゅうえん》とともに迎えた成熟社会で現社長が挑戦するのはエネルギー効率をとことん追究した省エネ注文住宅です。自分で家を建てたときに不満が山ほどあったことから思いついたのだそうです。

挑戦し続ける老舗②――「わが道」を行く任天堂・山内溥氏

老舗が伝統を頑固に守ることは意味のあることですが、それだけではジリ貧になります。それならばと新しいことを始める老舗も多くありますが、そんなときに、思い切って過去の蓄積を生かしつつも、思いもかけぬ新しい分野に進出することには勇気がいりますし、まわりからの抵抗も強くなります。

そんなときに過去の蓄積を生かした新しい試みを育て、勇気ある挑戦を後押しするような風土が京都にはあるということです。そういう雰囲気が広まれば、日本の伝統産業から新しい飛躍の芽がいくらでも生まれるはずなのです。

最大の成功者は任天堂です。任天堂の創業は一八八九(明治二二)年九月二三日でした。場所は山内溥《やまうちひろし》氏の曽祖父である花札職人の房治郎《ふさじろう》氏が七条《しちじょう》と六条《ろくじょう》の真ん中の、豊臣秀吉が建立した大仏で有名な方広寺の門前通として開いた道である下京区正面《しょうめん》通大橋西《おおはしにし》入《い》ルです。

日本専売公社（現・JT）と組んでタバコ屋さんで花札を売ることを考案し、トランプの生産も成功しました。戦後になって早稲田《わせだ》大学の学生だった山内氏が祖父から受け継いだあとの最初のヒット商品もディズニー・トランプとプラスチック製のトランプでした。

ところが、そのあとなかなかヒット商品が生まれませんでした。上場までした任天堂はタクシー業やレーザー銃から、なんとラブホテルまで、あれやこれやと多角経営に試行錯誤を繰り返し、それなりにヒットしたものもありましたが、借金も増えるばかりだったといいます。いろいろ浮気したのち、本来のゲームにこだわっていくなかで、ついに出たヒットがファミリーコンピュータでした。

任天堂を花札メーカーから
ゲームメーカーに転進させた山内溥氏

山内氏はユニークな企業経営者が多い京

都の経済界でも「わが道を行く」任天堂の三代目社長でしたが、上場企業で売上高一兆円企業ならばほぼ例外なく行う財界活動にはほとんどかかわりませんでした。

財界活動に不熱心だからといって、山内氏や任天堂が社会貢献に関心がないわけではありません。サッカーJリーグの京都パープルサンガ（メインスポンサーは稲盛和夫氏の京セラ）をサポートすることになったときにはめずらしがられましたが、山内は自分がしばしば診てもらっている京大付属病院に「大学病院の使命にふさわしい病棟を」と約七〇億円の新病棟建設費を寄付しています。この寄付額は京大にとってこれまでの最高額だといいます。

山内氏は資金を提供して文化および芸術活動を支援するメセナ活動もしています。京都商工会議所の一二〇周年記念事業として嵯峨野にできた『小倉百人一首』をテーマにした「時雨殿《しぐれでん》」には財団法人小倉百人一首文化財団の理事長として多額の寄付を行っています。展示施設にはゲーム技術が利用されています。社業を生かしたバックアップです。

山内氏の晩年の任天堂は従業員数が連結で四〇〇〇人ほどと、この規模の企業としては少ないものでした。ということは、一人あたりの売上高が高いことになります。トヨタのそれの数倍もあります。「京都府で働く任天堂の従業員は数百人程度で、雇用貢献という面では中小企業並みでしかないのですが、法人事業税で見ると、納税額は全体の二割近くを占めている」という話を京都府庁の幹部から聞いたことがあります。その逆が西陣に代表される伝統産業で、雇用の数はじつに多いのですが、赤字企業がざらで、税金面での貢献は少ないのです。

メセナ活動を行う企業は少なくありません。メセナに熱心だといえば聞こえはいいですが、たいがいは社業との関係性が薄いものにまでおつきあいして、ただ会社名をそこに連ねることにだけ意義を見いだそうとしているのが実情です。それに比べると、山内氏は「選択と集中」ではありませんが、自分の考えや哲学に沿って社会貢献やメセナに向き合っていたのです。ここもほかの企業人と違うところなのです。

任天堂は社訓を持たないということでもユニークです。祖父で先代の積良《せきりよう》氏が「真面目であれ」「よく働け」「きまりよくせよ」といったことを社訓として定めていましたが、それを山内氏が廃してしまいました。

ゲーム機やゲームソフトの製造販売の世界的企業には自由な発想が求められます。社員の言動を縛りかねないから社是や社訓は仕事の邪魔で必要ないという考え方をしています。ただ、社名の由来は会社の理念らしきものとして扱われています。

「一寸先は闇。運を天に任せて与えられた仕事に全力で取り組む」。運を天に任せる。しかし「人事を尽くして天命を待つ」とは一線を画す。世界の任天堂に飛躍させた中興の祖である山内氏はそれについてこう説明しています。

「人事はなかなか尽くせるものではない。どんなに人事を尽くしたつもりでも、人間はしょせん天命を待つ心境にはなれない。そういう意味で、私は単純に『運を天に任せる』という発想を積極的に取りたい」

だからだろうか、任天堂の成長を「ただ運がよかっただけだ」とにべもないのです。山内氏はとにかく運を重んじます。

まずは全力で仕事に取り組まなければ、運という結果がついてくるかどうかはわからないからです。ついてこなければ、それも運なのです。人間はなるようにしかならず、運は人智《じんち》のあずかり知らぬことだと割り切っているのかもしれません。

「市場調査？　そんなことしてどうするんですか？」

山内氏は新商品を出すための市場調査には否定的です。商品が売れるかどうかの判断は社長にもできません。おもしろい商品をつくりさえすれば市場調査をする必要はないというのが山内氏の持論です。「ヒットのノウハウなんてわかれば苦労しない。どうやったら儲かるかというのと同じで、答えなんてない」といっています。

任天堂は山内家の同族会社です。しかし、二〇〇二（平成一四）年に社長を退任したときには、同社に勤める息子ではなく岩田《いわた》聡《さとる》氏（二〇一五＝平成二七年死去）を後任に就けています。山内氏は岩田氏に「異業種には絶対に手を出すな」といったといいます。こういう偏屈さがまさに京都的なところで、京都の異端でありながら、どこよりも京都的な企業であり、経営者なのです。

いったん成功すると安泰な東京、挑戦し続けないと評価されない京都

京都の老舗がその暖簾だけに頼っているのではないということを書いてきましたが、この日本では暖簾の長さや不変なものに格段の価値を見いだす傾向がありますし、そ

れを生かすのも大事なことです。

日本人の老舗好きは極端です。フランスのミシュランの三つ星レストランなど一〇年も評価を維持できれば上等なのですが、日本では一度確立した名声は料理人や主人の世代が変わっても維持されることが多くあります。

「デパ地下」にあるポール・ボキューズの惣菜コーナーで「一五〇年の老舗の味」と書いているのを見て腰が抜けるほど驚きました。一九世紀の中ごろにリヨンの郊外でポール・ボキューズの曽祖父が旅籠《はたご》屋を開いたのが彼のオーベルジュの起源であることはたしかです。しかし、彼が名店ピラミッドで修業し、伝統の殻を破ったヌーベル・キュイジーヌ・フランセーズを確立して世界一のシェフと呼ばれるようになったことと、なんの関係もありません。それでも日本ではそういう点が大事なのです。

日本にはいわゆる長寿企業といわれているものが多くありますが、ギネスブックで世界一と認定されているのは七一八（養老《ようろう》二）年創業の「法師」という加賀山中《かがやまなか》温泉（石川県加賀市）の旅館です。少し前までは五七八（敏達《びだつ》天皇六）年に四天王寺《してんのうじ》の建立のために聖徳太子《しょうとくたいし》が百済から招いた三人の宮大工のひとりである金剛重光《こんごうしげみつ》の流れを汲むという金剛組だとされていました。大阪で寺社建築を手がけていましたが、二〇〇五（平成一七）年に経営悪化によって高松《たかまつ》建設の傘下に入りました。

これらはただ途中で途切れなかったというだけのことだという気もしますが、鎌倉時代に京都で始まった羊羹《ようかん》の「虎屋《とらや》」や、戦国時代の永禄《えいろく》年間（一五五八〜一五七〇年）に近江で創業したふとんの「西川《にしかわ》」などは、かなりしっかりした一貫性が感じられます。

世襲や老舗への好みは新しい人材や企業の進出を抑えているデメリットも多くあります。二世議員は見よう見まねで器用に政治家を務めますが、もともと才能があるわけでも見識が高いわけでもないため無残な体たらくになることが多いのは、ここ三〇年ほどの政治を見れば明らかです。

歌舞伎など名門に生まれたら、だいたいそこそこの役者になれるのですから、特別の才能などいらない二流芸能だと思います。一流オペラ歌手の子どもが必ず大歌手になれるわけではないのと大違いです。しかし、老舗としての責任感を持って目先の利益にとらわれない高い品質の製品をつくったり、芸を守り続けたりしていくことを容易にしていることの意義は大きなものです。

歌舞伎の世界などを見れば、養成所などで育った縁故のない役者にチャンスが与えられにくいのは残念ですが、子どものときから芸を仕込まれ、舞台に立つなどして名跡を継ぐべく育てられることには意味がないわけでもなさそうです。

大手の飲料メーカーが京都の老舗と提携してペットボトル入りのお茶を出すとき、イメージだけを借りたと見るべきなのか、ノウハウに得るべきものがあったのかなど、本当のところを聞いてみたい気持ちはあります。

なかには、ひたすら何世代にもわたって同じものをつくり続ける老舗も京都にはたくさんあります。西本願寺前の「亀屋陸奥《かめやむつ》」の名物菓子である「松風《まつかぜ》」は、小麦粉、麦芽飴《ばくがあめ》、砂糖、白味噌《しろみそ》をこね、ひと晩寝かせて発酵させ、表に芥子《けし》の実を振って窯で焼く和風カステラですが、織田信長に包囲された石山本願寺《いしやまほんがんじ》の門徒たちの兵糧をもとに先祖が考案したものにルーツがあるといわれ、顕如上人《けんによしようにん》が「わすれては波のおとかとおもうなり　まくらにちかき庭の松風」と詠んで菓子の名になったといわれます。

御所の門の名をもらったという「川端道喜《かわばたどうき》」の「水仙粽《すいせんちまき》」という吉野葛《よしのくず》の粽は、

応仁の乱のあとの御所衰微のころ、吉野から葛が朝廷に献上された際に「どうしたらおいしく食べられるか」がわからないと川端道喜の先祖にご下問があったため、甘葛を炊いてその汁を菓子に混ぜ込んで幅の広い笹《ささ》の葉に包んだのが始まりといわれます。

「大きなマーケットを狙って大砲を撃ってしまってはいけない。気がつけば自分たちの築き上げてきた世界や、そこに集まっていた人々までも吹き飛ばしてしまう。お線香のように細い火でも途切れることなく、煙があまねく広がり、香りが残るような商いをしたい」

これは京都の香老舗「松栄堂《しょうえいどう》」の一二代当主・畑正高《はたまさたか》社長の志です。事業をむやみに拡大せずに、いまあるお客さまを大事にしていく。かぎられた市場を大切にすることは、きめ細かな品質管理と顧客管理ができ、これによって店とお客さまがともに顔がわかり合う商売が可能になります。お客さまに顔が見え、お客さまの顔がわかる商売をする。老舗が老舗であり続ける秘訣です。

目利きのお客さまが店を育ててくれます。「松栄堂」の場合はかぎられた市場というのがもともとは近隣の寺院でした。お香の商売にとって寺院の人々はお香のことがよくわかる目利きで、お客さまとしてはプロです。彼らの目にかなう商品やサービスの開発がなければ商売は長続きしません。松栄堂の品質やサービスの向上に彼らが大きく寄与しているのは間違いありません。

「松栄堂」は一七〇五（宝永二）年の創業で、丹波出身の畑六左衛門守吉《ろくざえもんもりよし》が「笹屋《ささや》」の暖簾を上げたことに始まります。三代目が「松栄堂」として本格的にお香づくりに携わり、今日まで一貫して薫香製造を生業としています。一八九七（明治三〇）年に対米輸出を果たし、一九九〇（平成二）年には「米国松栄堂」を設立しています。国内には京都以外に東京と札幌《さっぽろ》に店舗を持っています。

いくら伝統を守るといっても、伝統を生かしたうえでの新しい発展の芽を摘み取るわけにもいきません。そこで伝統を受け継いだ正統なお香製造を担う一方で、一九八九（平成元）年に京都の北山《きたやま》通沿いに、現代人としてさまざまな香りを楽しむライフスタイルの提案拠点となる店、「lisn《リスン》」をオープンしました。若い世代を中心とした女性層を取り込む狙いです。

lisnで扱うのはお香ではなく「インセンス（incense）」と称しました。社員にもお香とインセンスという言葉の使い分けを厳格に求めています。お香はあくまでお香であって、インセンスとは違います。言葉を混同すると新しい言葉がひとり歩きしていくことができないという考え方です。

「堪忍」でリピーターを重視する京都の老舗

京都の老舗はけっこうお高くとまっているという話をしましたが、たとえ怒っていても、それをお客さまに悟られないようにする技術もたいしたものです。

リピーターを増やして「商いは牛のよだれのごとく細く長く」と肝に銘じる京都の老舗は接客のしかたにことのほか気を使います。どんなお客さまに対しても物腰を柔らかくして気長に応接します。愛想よく、言葉づかいが丁寧で、礼儀が正しいです。長いあいだ宮家や公家を相手に商売してきたからでもあります。

同じ関西でも大阪人は建前をきらい、せっかちなため、商人とお客さまのやりとりはポンポンと荒っぽいものです。「もっと負《ま》からないか」とお客さまが値切れば、店の主《あるじ》は「よそでこの値で買えるか」などと愛想がありません。しかし、お客さまは、すげない応接だからこそ品物や値づけに自信があるのだろうと納得して買ってしまいます。

「忍の字は身の内の主《あるじ》なり。不断に七情の客来あり。よく考えいずれも忍のあしらい方第一、その品しるしがたし」というのは、京都の福田《ふくだ》金属箔粉《はくふん》工業の創業家である福田家の家訓である「常盤《ときわ》家の苗」巻頭に記された言葉です。

七情とは喜、怒、哀、懼（おそれ）、愛（いとしみ）、悪（にくしみ）、欲という人間の感情のことで、怒りっぽい、やさしい、気が弱いといった性格です。つまり、お客さまにはいろいろな人がいるから相手の性格をわきまえて応接しなければならないということです。お客さまは一度でも不愉快なことがあれば、もう二度と来ません。だから、お客さまに気に食わぬことがあっても、決して腹を立てずに気持ちよく応接して、お客さまにも腹を立たせるようなことをしてはいけないという訓戒です。

福田家の創業は赤穂浪士《あこうろうし》討ち入りの二年前の一七〇〇（元禄一三）年で、明治になって山科に真鍮粉《しんちゆうふん》の工場をつくり、昭和のはじめには日本で初めて電解による銅粉の製造に成功しています。

業祖は近江出身の俳諧師で、京都室町で金銀箔《きんぎんぱく》を商った福田鞭石《べんせき》です。金銀箔は屏風や仏壇、西陣織の金糸や銀糸に使われました。家業は伝統工芸として繁盛をきわめましたが、明治維新を機に伝統工芸から近代産業へと脱皮し、エレクトロニクスのプリント基板用の電解銅箔《どうはく》といった産業資材から日用品まで、各種金属箔などの製造・販売を事業内容としています。小さな業界ですが、世界的な競争力を持った企業として知られます。

「常盤 家の苗」は創業者の孫の練石《れんせき》が著したもので、当主として守るべき信条、躾《しつけ》、年中行事などが約四〇枚に記述されています。いわば経営方針ですが、「堪忍の大切さ」がいちばんに挙げられています。「常盤」とは「つねに変わらないもの」という意味です。練石もまた俳諧師です。

京都の老舗の家訓には「堪忍」の文字が多く見受けられます。「堪忍は一生の宝」という言い回しがありますが、短気は損気で、腹の立つことを抑え、つらいことを我慢できる人は幸せな一生が送れるのです。

創業二五〇年の向井《むかい》酒造の「家内諭示記《かないゆじき》」には「何事にも忿怒《ふんぬ》すべからず。堪忍するにあり。一度の怒りにて命を失うものあり。これ慎むべきにあり」とあり、怒りを我慢することを説いています。

創業二二〇年で西本願寺の門前に店を構える「宇佐美松鶴堂《うさみしょうかくどう》」の家訓には商人に必要な五徳が挙げられています。「正直五両、思案三両、堪忍四両、分別二両、用捨《ようしゃ》一両」とその大事さを順位づけしています。経営においての重要度として「堪忍」が三番目に置かれています（金額では二番目）。短気はわが身に潜む最大の敵なのです。同社は書画や染織品などの文化財の修理を手がけている会社です。

京都における老舗の商法は、どんなお客さまであろうと腹を立てずに忍耐強く応接することを基本にしています。忍耐の重要度が高いのは、それがかなり難しいということでもあります。

本当に腹を立てないのか、腹を立てているふうは見せないだけなのか、あるいは生々しくはないがちょっとした皮肉はいうのか、京都の商家といえども、じつは応接のしかたはいろいろなのです。

第四章
本当は閉鎖的ではなくグローバル志向な京都文化人

日本一にこだわる東京、「オンリーワン」でノーベル賞を量産する京都

京都市のホームページには「自然科学分野において全国最多のノーベル賞受賞者を輩出」とありますが、広く取れば、二五人の受賞者のうち一四人が京都関係者です。

出身大学別に見ると、京大が湯川秀樹《ゆかわひでき》（物理・第三高等学校）、朝永振一郎《ともながしんいちろう》（物理・第三高等学校）、福井謙一《ふくいけんいち》（化学・大阪高等学校）、利根川進《とねがわすすむ》（生理医学・日比谷《ひびや》高校）、野依良治《のよりりょうじ》（化学・灘《なだ》高校）、赤崎勇《あかさきいさむ》（物理・鹿児島二中）で六人ですが、江崎玲於奈《えさきれおな》は京大の前身のひとつである旧制第三高等学校を経ていますから七人です。

小林誠《こばやしまこと》（物理・名古屋《なごや》大学）、益川敏英《ますかわとしひで》（物理・名古屋大学）、山中伸弥《やまなかしんや》（生理医学・神戸《こうべ》大学〜大阪市大大学院修了）は京大の教員です。

東大卒は川端康成《かわばたやすなり》（文学・第一高等学校）、江崎玲於奈（物理・第三高等学校）、佐藤《さとう》栄作《えいさく》（平和・第五高等学校）、大江健三郎《おおえけんざぶろう》（文学・松山東《まつやまひがし》高校）、小柴昌俊《こしばまさとし》（物理・第一高等学校）、南部陽一郎《なんぶよういちろう》（物理・第一高等学校。アメリカ国籍）、根岸英一《ねぎしえいいち》（化学・湘南《しょうなん》高校）で七人ですが、川端、佐藤、大江は文科系のため、少し比べにくいです。

教員としての経験では、京大は七人ですが、東大は小柴と大隅良典《おおすみよしのり》だけです。そう

受賞者	受賞年	部門	受賞時肩書	京都との関係
湯川秀樹	1949年 (昭和24年)	物理学賞	京都大学教授	京都市民、京都一中、 三高、京大卒・教員
朝永振一郎	1965年 (昭和40年)	物理学賞	東京教育大学教授	京都一中、三高、 京大卒・教員
川端康成	1968年 (昭和43年)	文学賞	作家	『古都』を執筆
江崎玲於奈	1973年 (昭和48年)	物理学賞	IBM研究員	同志社中、三高
福井謙一	1981年 (昭和56年)	化学賞	京都大学名誉教授	京都市民、京大卒・教員
利根川進	1987年 (昭和62年)	生理学・ 医学賞	MIT教授	京大卒
野依良治	2001年 (平成13年)	化学賞	名古屋大学教授	京大卒・教員
田中耕一	2002年 (平成14年)	化学賞	島津製作所ライフ サイエンス研究所主任	京都市民
下村脩	2008年 (平成20年)	化学賞	ウッズホール 海洋生物学研究所 特別上席研究員、 名古屋大学 特別招へい教授	京都府福知山市生まれ
小林誠	2008年 (平成20年)	物理学賞	独立行政法人 日本学術振興会理事	京大教員
益川敏英	2008年 (平成20年)	物理学賞	名古屋大学 特別招へい教授	京大教員
山中伸弥	2012年 (平成24年)	生理学・ 医学賞	国際幹細胞学会 理事長	京大教員
赤崎勇	2014年 (平成26年)	物理学賞	名城大学 窒化物半導体基盤 技術研究センター長	京大卒
大隅良典	2016年 (平成28年)	生理学・ 医学賞	東京工業大学 科学技術創成研究院 細胞制御工学 研究ユニット特任教授	京大院に内地留学

図表4 京都にゆかりのある日本人ノーベル賞受賞者

いう意味では、なんとなく京大のほうがノーベル賞には強いといっていいと思います。田中耕一《たなかこういち》（化学・東北大）は勤務先が京都の島津《しまづ》製作所で、下村脩《しもむらおさむ》（化学・長崎大）は京都府福知山市生まれです。川端康成の代表作のひとつである『古都』が京都を描いた文学のなかでも傑作であることはいうまでもありません（以上、受賞者は敬称略）。

今後の受賞者候補のなかにも京都関係者は多くいますが、たとえば村上春樹《むらかみはるき》氏も一九四九（昭和二四）年に京都市伏見区に生まれています。父親は長岡京市粟生《あお》の西山浄土宗《じょうどしゅう》総本山光明寺《こうみょうじ》住職の子で、甲陽《こうよう》学院中学校の教師になって引っ越したため、京都から西宮《にしのみや》市夙川《しゅくがわ》に転居しました。

住まいということでも、益川、田中両氏がいまも市内のつつましやかな庶民的な住宅に住み、湯川、福井両氏の旧宅も狭い町のなかにありますから、ノーベル賞受賞者は京都市民にとってごく身近な存在です。

京都駅で息子と一緒に嵯峨野線の列車から降りたら、正面のベンチに益川氏が座っていて、息子が握手をしてほしいといったら気楽に応じてくれました。ノーベル賞受賞が決まったわずか何週間かあとのことでした。

湯川氏のお宅は別の息子の中学校の隣といっていいような場所ですし、メンバーになっている会の定例会に山中氏がやってきたため、これも息子を連れて聞きに行きました。田中氏が受賞したときには、嵐電《らんでん》（京福《けいふく》電気鉄道嵐山《あらしやま》本線）という路面電車の運転士さんが、「毎朝、運転席のすぐ後ろに立ってのぞき込んでいる人だとすぐわかりました」と新聞にコメントを載せていました。

こういう環境ですから、京都の子どもにとっては「大きくなったらノーベル賞を取りたい」というようなことをいっても、なんの違和感もないのです。

京都というより京大がノーベル賞受賞者をたくさん出している理由として挙げることができるのは、「日本一の宿命」からの

多数のノーベル賞受賞者を輩出した京都大学

解放です。

東大の先生はそれぞれの学問分野で日本一であること、つまり最高権威であることを求められます。それぞれの時代の日本にとっていちばん大事なことを研究しなくてはならないと責任を感じてしまいます。あまり学界から支持されないようなユニークな説など唱えていると、「東大の教授のくせに」と非難囂々《ひなんごうごう》です。あるいは、すぐに役に立たない研究もやっていられません。

学園紛争のころの東大で硬骨ぶりが有名になった西洋史の先生で、のちに総長や参議院議員になった林健太郎《はやしけんたろう》氏の研究テーマは「ワイマール共和国史」でした。たしかに日本の民主主義を考えるうえで非常に多くの教訓を得られるテーマには違いないのですが、世界的にも、あるいはドイツでワイマール共和国について日本人の研究と解釈を注目しようという人は、まずいません。

戦後の京大における世界最高峰の東洋史研究の成果と評判だったのは、宋の時代に西域《さいいき》にあった国で使われた「西夏《せいか》文字」の解読でした。およそ現代日本にとって直接役に立つことはないのですが、世界的にはトップクラスの研究であることに間違いはありませんでした。だから国際的にも評価されたわけです。

グローバル時代になったいま、「日本一」にこだわらない気持ちがとても大事なのはいうまでもなく、とくに学問の世界では当然のことです。日本一であることは学問の世界ではほとんど意味のないことなのです。スポーツの世界でも日本一を目指すことは回り道だと思いますが、学問の世界ではまったくムダというか、そんな目標があることは百害あって一利なしです。

京大は偏差値で東大と肩を並べても追い抜くことはありえないでしょう。同じナンバーツーでも、ナンバーワンの二番煎じとしての二番目でなく、ちょっと斜交いに構えたやんちゃな弟分であるところに値打ちがあるのです。

京大の強みがもうひとつあるとすれば、祇園など歓楽街の存在です。京都帝国大学は一八九七（明治三〇）年になって創立されたもので、それまでは現在の東大が日本にひとつしかない大学として「帝国大学」と呼ばれていました。それが京都帝国大学ができたことで「東京帝国大学」になりました。

実質的には、それより前の一八八九（明治二二）年に第三高等学校が大阪から京都に引っ越ししてきており、これが京大の始まりといえます。提案したのは文部大臣だった西園寺公望ですが、帝国議会では「祇園や先斗町《ぽんとちょう》など遊興の巷《ちまた》である京都は学問の場にふさわしくない」という反対意見がありました。学問一筋に邁進《まいしん》できる環境が評価されて移転したわけではないようですが、歓楽街の存在は分野を超えた交流の場を提供するうえで、まことに都合がよかったらしいのです。

いまではほとんど見かけなくなりましたが、祇園でも京大生はことのほか歓迎されたといいます。通常のお座敷にはお花代が高すぎて行けませんが、早い時間や、遅くなって客足が引いてから学生が祇園にやってきました。舞妓とは年齢が近いため、一緒に遊ぶ感覚で、あえてお花代をもらわず、出世払いにすることも多かったようです。

京都では、いまでも大学生を「学生はん」と呼んで大切にします。京大はもちろん、同志社、立命館《りつめいかん》などの大学のまわりには早くから学生街が形成されてきました。京大の場合なら、南は吉田山《よしだやま》のある近衛通《このえ》あたりから、北は一乗寺《いちじょうじ》あたりまで、広い範囲にわたって、下宿屋、風呂屋、定食屋、古本屋、散髪屋などが京大生を相手に商売をしてきたのです。

親元を離れてきた学生が不憫《ふびん》だということも、もちろんあるでしょう。しかし、それだけではありません。彼らは将来、国を動かすような役人になるかもしれませんし、大会社の社長になるかもしれません。祇園の上得意になるかもしれないのです。

繰り返し述べますが、歓楽街の存在は京都が分野を超えた交流の場になるために、まことに都合がよかったのです。そのことは京都の経済界などにも大変なメリットを与えているのですが、それについては本書のなかで随時触れました。

日本一の大学といえば東大ですが、ノーベル賞については京大の後塵《こうじん》を拝しています。その理由を考えると、その分野で日本一であることの呪縛に思い当たります。それに対して京大は、やんちゃな次男坊だからこそ世界で評価されるものに安心して取り組めるのです。

東京より先に世界を攻める経営①——京セラの稲盛和夫氏

先に少し触れましたが、京セラの創業者である稲盛和夫氏は、鹿児島大学工学部を卒業して京都の碍子《がいし》メーカーである松風工業に就職しました。若手の有望な技術者として頭角を現しましたが、異動してきた部長とそりが合わず、稲盛氏を支持する先輩などの支援を受けて京セラを創業しました。一九五九（昭和三四）年のことです。

すぐに主力商品のフォルステライト磁器製品を松下電子工業（現・パナソニックライティングデバイス社）が大量発注してくれたため業績は順調で、初年度から黒字を出しました。翌年には東京営業所を設置して販路開拓に挑みましたが、これがうまくいきません。

既存の取引先で間に合っているかぎりは、たとえ製品がすぐれていても、京都の無名メーカーとは取引の検討すらしてもらえませんでした。そこで、どこもやらない新製品でがんばっていましたが、需要が知れていますから、儲けには結びつきません。

日本の大手はアメリカから技術導入しているケースが多い。それなら、先にアメリカのメーカーに使ってもらおう。市場がオープンでフェアなアメリカなら実力本位で参入させてくれるはずだ。そこで評価されれば日本のメーカーも競って採用してくれるに違いない。（『稲盛和夫のガキの自叙伝：私の履

歴書』日経ビジネス人文庫）

そう思い立った稲盛氏は、一カ月の予定で単身アメリカに売り込み旅行に旅立ちました。創業三年目のことです。そのときは商社にアテンドを頼んだものの、もうひとつうまくいかず、成果ゼロに終わりましたが、古巣の松風工業から海外経験者を引き抜くなどして必死の売り込みをしたところ、一九六五（昭和四〇）年に香港《ホンコン》のマイクロエレクトロニクス社や、アメリカのフェアチャイルド社などからの受注に成功しました。

京セラ創業者の稲盛和夫氏

翌年にはＩＢＭからＩＣ用アルミナサブストレート（集積回路用基板）の二五〇〇万個という注文を、ドイツのローゼンタール社、デグサ社などとの競争を勝ち抜いて獲得します。一九六九（昭和四四）年にはアメリカのフェアチャイルド社の要請に応えてLSI用高密度セラミックパッケージの開発を成功させたことで、世界でも最高水準のICパッケージの積層技術を認められました。

こうして、国内産業との連携より、遠く離れたシリコンバレーを支える企業として、京セラの本格的なサクセスストーリーが始まりました。同年にはシリコンバレーに事務所を設け、一九七一（昭和四六）年にはサンディエゴでの現地生産を始めましたが、いずれも日本企業としては最も早い時期のものでした。このころは多国籍企業の問題がいろいろ取り沙汰されていましたが、欧米流のフェアネス重視、経済的合理性を冷静に語る稲盛氏の見識は群を抜いたものでした。

鎖国の二〇〇年間が、日本人に非常に特異な国家観をいまにいたるまで植えつけたままなのではないでしょうか。沖縄に行くと、鎖国の経験がないため、江戸時代にも清《しん》や朝鮮王国から移住してきた人がたくさんいました。ですから、どこからが土着の沖縄人であるかなど線の引きようがないのです。

前沖縄県知事である仲井眞弘多《なかいまひろかず》氏の先祖は福建省《ふっけん》からやってきて、那覇《なは》市内の久米《くめ》というチャイナタウンに住んでいました。琉球《りゅうきゅう》王国では外交官など知的職業の多くを大陸から来た福建人に頼っていたため、久米の人たちは誇り高き上流階級だったのです。

戦後に生まれた米国人とのハーフに対してさえ外国系という意識はあまりありません。あるいは沖縄人は本土より海外のほうがのびのび活躍しているともいいます。ハワイや南米、とくにペルーの日系人のかなりの割合が沖縄人です。

一九九〇（平成二）年から開催されている「世界のウチナーンチュ大会」では五年に一度、世界の二〇カ国以上から何千人というウチナーンチュ（沖縄人）が本土に集います。

ヤマトンチュ（沖縄人による本土人の呼び方）の世界では、国内と国外はまったく別の世界でした。ほとんどの日本人が「日本人」として意識しているのは鎖国以前に渡来してきた人の子孫のことです。開国以降に日本に移住してきた人の子孫は、日本国籍を取っても、「帰化した〇〇人」でしかないのです。

そういう国の中と外を分かつ高い壁のなかで、まず日本国内での成功を優先するのが筋という固定概念があって、その結果、スポーツのような分野でも、なかなか海外に雄飛しようという人は少ないのです。ビジネスの場合もよく似た事情で、どうしても国内市場での地位の確立を優先して、海外進出はそのあとでという意識の企業がほとんどでした。

東京より先に世界を攻める経営②――サムコの辻理氏

日本の企業社会では「系列」の縛りが厳しく、同じ財閥グループから優先して仕入れようとするため、新興のベンチャー企業がいいものをつくっても、なかなか食い込めないのです。そこには再就職などを通じて強固にした団結もあります。

官僚の天下《あまくだ》りへの批判が強く、再就職を受け入れたところに発注が多くなるのではないかという批判がありますが、それは民間でも同じです。安くていいものを優先する原則から外れて人的交流のある企業から仕入れることの弊害は、官だけでなく、民でもひどいものなのです。

京都のベンチャー企業には機動力を生かして旧財閥系の企業と同じ分野で対抗する企業は多かったのですが、同系列の企業の製品を優先するという壁に阻まれて事業が伸びないことが悩みということが多かったようです。そこで、しかたがなくということもあって、海外での市場開拓を優先させたり、海外での評価を盾に国内販売を拡大したりしたほうが、回りくどいが近道という発想を取った企業も多かったのです。その典型といえるのが京セラです。

近ごろ、アメリカのビジネススクールの学生たちが「京都型企業」の研究のために京都にやってきました。その視察研修を受け入れたサムコ株式会社会長兼CEOの辻《つじ》理《おさむ》氏は、「京都の企業は、独創技術や製品を国内ではなく、アメリカなど海外市場に売り込んで成長した」と話しています。

サムコはアメリカのシリコンバレーに日本のベンチャーとして初めて研究所を設立したことで知られる半導体メーカーであり、現在は日、米、欧（イギリスのケンブリッジ大学内）に研究所を持っています。創業者の辻氏は、立命館大学、京大などでプラズマの研究を続けていましたが、論文がNASA（アメリカ航空宇宙局）の目にとまり、NASAのエイムズ研究所の研究員となりました。その後、フランスで半導体メーカーのコンサルタントとして働いたのち、一九七〇（昭和四五）年に帰国しました。

最初は京都市伏見区の小さな貸しビルに事務所を置き、わずか二人で起業しましたが、製品の評判がよく、一九七九（昭和五四）年に株式会社を設立しました。先端技術を駆使して世界初、国内初といわれるような装置を次々に開発し、一九八七（昭和六二）年に日本のベンチャー企業として初めてシリコンバレーにオプトフィルムス研究所を設立しました。そこではNASA時代の元同僚も働いているそうです。

辻氏によると、京都は地価が高いためコスト競争に陥るプロセス型の製造業には向かず、高付加価値の製品を製造しないといけないといいます。サムコは現在、研究開発を得意分野に絞り込み、最先端でニッチな市場に特化した製品を製造することで、次世代、次々世代の半導体開発の動向を支えているということです。

話は技術分野にかぎりません。浮世絵や伝統芸能が欧米で評価され、それによって日本でも人気が出たことはよく知られていますが、京都の町家でも同じようなことがあります。二〇〇八（平成二〇）年一一月にニューヨークのジャパン・ソサエティで「京町家ニューヨークシンポジウム」が開催されました。京都市が後押ししたもので、消えていく町家の危機を世界に知ってほしいというシンポジウムです。

円卓会議には錚々《そうそう》たるメンバーとともに、京都で町家を守る人々も加わって大きな反響を得ました。同シンポジウムに出席していたＷＭＦ（ワールド・モニュメント財団）によって二〇一〇（平成二二）年度の「ワールド・モニュメント・ウォッチリスト（危機遺産リスト）」に指定されることができました。出席した建築家の野村正樹《のむらまさき》氏の報告によると、「京都が守れなければ、世界がMACHIYAを守ります」という力強い発言があったといいます。

これに先立つ二〇〇五（平成一七）年に東京の篤志家の寄付をもとにして「京町家まちづくりファンド」が設立されたことも忘れてはいけません。国内を飛び越えてニューヨークでシンポジウムを開いたことで世界のお墨つきを得ることができました。町家はいま、国内はもちろん、外国からの観光客に「ごはんを食べられるMACHIYAはどこですか?」と聞かれるほど注目を集めています。東京よりアメリカのほうが攻めやすいこともあるのです。

「郷に入らば郷に従え」の東京、よそ者を受け入れる京都

日本のなかでも京都はとくに閉鎖的だと思われていますが、そうとばかりは言い切れません。京都におけるいろんな公職にもよそから来た人がじつに多く就いています。戦後の公選知事のうち、初代の木村惇《きむらあつし》は宮城、そのあとの蜷川虎三は東京、林田悠《はやしだゆ》紀夫《きお》は京都だが市内ではなく丹波の出身、荒巻禎一《あらまきていいち》は福岡、山田啓二《やまだけいじ》は兵庫です。木村と蜷川は京大出身ですが、林田と山田は東大、荒巻は九州大学の出身です。京都市内の出身者はまだ誰もいないのです。

蜷川は京大教授を長く務め、雰囲気的にもある種の京都人のシンボルでしたが、荒巻や山田が京都人らしいとは誰も思っていません。知事などというのはお雇いマダムだから、彼らが京都人を尊重してくれて、あまり押しつけがましいことをいわないのなら、それで構わないと思うものなのです。

京都商工会議所の会頭でも、ワコールの塚本幸一《つかもとこういち》氏は宮城（本籍は滋賀）、京セラの稲盛和夫氏は鹿児島の生まれで、たまたま就職で京都に来て、やがて脱サラして起業した人たちです。

彼らは京都に全面的に心から受け入れられたわけではありません。塚本氏や稲盛氏がやることを、京都人はしばしば田舎者扱いして批判することも多くありました。京都人は彼らが吹いた笛に踊らされることをいやがります。それでも彼らがやることには「勝手にやらはったら」ということで、邪魔まではしませんでした。京都の伝統的な産業は旧市街のなかにあって、ワコールや任天堂、京セラなど新しい産業は外にありました。旧市街の外であれば邪魔はしないという人もいます。

塚本氏が京都商工会議所の会頭になったころ、大阪商工会議所ではサントリーの佐治敬三《さじけいぞう》氏が会頭になりました。神戸ではダイエーの中内切《なかうちいさお》氏が会頭への意欲を燃やし、本社を神戸に移して大張り切りでしたが、神戸では中内氏は受け入れられませんでした。中内氏が神戸商工会議所会頭になっていたら、関西もなかなかおもしろいことになったのではないかと、いまでも残

「よそ者」ながら京都商工会議所の会頭を務めたワコール創業者の塚本幸一氏

念な気がします。

名古屋では地元で受け入れられるためには本籍と墓を移してマイホームを建てることが条件だといわれますが、京都人にはそういう感覚はありません。

お偉いさんでなくても、京都にはこの町に心酔したと称して、少し怪しげな京都風ライフスタイルを満喫している東京人も多くいます。彼らが京都の暮らし方はこうだなどと書いたり実践したりしたとき、「ちょっと違う」とか、「どなたさんがそんなことを教えたんやろか」ということも多くありますが、それほどムキになって怒るわけではないところが京都らしいのです。

「変な外人」を笑うけれども排除はしない

外国人についても、京都は「変な外人」に寛容です。彼らは日本や京都を自由自在に解釈して表現しますが、京都人は笑うけれども、排除まではしません。

「京都 大原 ベニシアの手づくり暮らし」というエコ・ライフをテーマにしたNHK Eテレの番組で知られるハーブ研究家のベニシア・スタンリー・スミス氏はイギリス

の名門貴族の出身ですが、一九歳のころから貴族社会に疑問を持ってイギリスを離れ、インドを経て、一九七一（昭和四六）年に来日しました。

そして、京都大原の古民家に暮らすようになって二〇年になります。夫である山岳写真家の梶山正《かじやまただし》氏とともに移住してハーブガーデンをつくり始め、手づくりの暮らしを実践しています。

大原では日本古来の植物の使い方を教えてくれるお年寄りや、移住してスローライフを実践する若者たちなどとともに学びながら、日本の気候風土に適《かな》ったハーブレシピをつくりあげています。

京都に住むはずだった外国人として、幻に終わった超大物がいます。哲学者のジャン＝ポール・サルトルです。パリのエコール・ノルマル（フランス国立高等師範学校）を卒業してリセ（日本の高等学校にあたる）の教師をしていた時代に東洋文化にひかれ、関西日仏学館（現アンスティチュ・フランセ関西）の教師に応募して合格しましたが、世界恐慌の影響もあって中止したというのです。後日、サルトルは「このとき、日本に渡っていたら、私の著作活動はなかったかもしれない」と語っています。来な

じつは関西日仏学館館長の座を
狙っていたともいわれる
ジャン＝ポール・サルトル氏

かったのでなく試験に落ちたという説もあり、真偽のほどはわかりません。

このときにサルトルが日本に来ていたら、世界の哲学の歴史はずいぶん違うものになっていたことは間違いないでしょう。

アンスティチュ・フランセ関西には近年、大阪にあったフランス総領事館が引っ越してきました。京都にできた初めての外交公館です。

そんな変な外国人のひとりが、京都に住んで二〇〇七（平成一九）年に八〇歳で他界された版画家のクリフトン・カーフ氏です。カーフ氏は一九二七（昭和二）年にアメリカのミネソタ州に生まれ、一九四六（昭和二一）年に軍人として長崎県の佐世保《させぼ》に来日したのち、ミネアポリス美術学校に学び、一九五五（昭和三〇）年に再来日しました。日本版画家協会京都支部長を務めた、れっきとした芸術家です。

彼の木版画には、石庭に流れる水、寺院の屋根越しの夕日、雨上がりのべんがら格子など京都の懐かしい風景がたくさん出てきます。粋な着物の着こなしで、居酒屋にひょうひょうと現れるカーフ氏は、京都人にはよく知られていました。

明治から続く居酒屋「やげんぼり」ではカーフ氏の版画と水墨画を飾っています。

そのホームページには次のように書かれています。

昭和48年に開店したやげんぼり木屋町《きやまち》店に、なんとしても店のイメージに合うそれも永年使っていける絵はないものかと探していました。ある日、人から聞いた話で祇園の山田《やまだ》画廊さんにて、変わった外人さんの版画展があると知り早速出かけました。

作品は京都の町家や近郊の田舎風景等々が、生き生きとした鮮やかな色使いと大胆な構図の版画でした。

一目《ひとめ》見た瞬間「この版画を店に飾ってみたい」と思いました。

そこで、端っこの方に控えめにおられた着物姿のカーフさんに言いました。

「この絵とこの絵以外は全部買わせてください」と。

カーフさんはびっくりされたそうで、その時の初めての出会いをよく話題に出してくれました。

「やげんぼり」のホームページには、いまも和服にたすきがけで作品を制作しながら黒紋付で微笑《ほほえ》む姿が見られます。

現在、京都外国語大学教授として教鞭《きょうべん》を執るジェフ・バーグランド氏もまた、れっきとした文化人であり教育者ですが、マスコミでおなじみの「関西弁の外人さん」でもあります。一九四九（昭和二四）年にアメリカのサウスダゴタ州に生まれ、留学をきっかけに同志社高校に就職しました。趣味は、尺八、囲碁、少林寺《しょうりんじ》拳法、テニスなどだといいます。同志社に学んだ京都人のなかにはバーグランド氏の授業を受けたという話をする人も多くいます。

ある講演会でバーグランド氏は、異文化コミュニケーションで大切なポイントとして、一つ目は観察すること、二つ目は真似をすることを挙げています。そして自分が変わり、成長することで、まわりの人の価値観も変わっていくといいます。京都は、観察され、真似されることを決して排除しないでしょう。最初はうわべだけのものであっても、訪れた人に何かを与え、それがいつか京都の新しい価値になるかもしれないことを知っているからです。

カーフ氏やバーグランド氏を変な外人というのは適当でないかもしれませんが、京都に住む、あるいは旅行にやってくる外国人には欧米の文化に否定的な人がたしかに多くいて、京都人は彼らをじつに温かく迎えてくれます。

日本がグローバル化のなかで繁栄していくためにも、日本の諸都市がダイナミックに発展していくためにも、外国人やよそ者を敬遠して独自性を否定されないようにしつつも、彼らがやることを邪魔しないで、むしろ活用していくやり方が必要なのではないかと思います。その意味でも「京都の流儀」はじつにしたたかなのです。

「日本の常識」では、よそ者や外国人がお客さまであれば、歓迎はしますが、少しでも自己主張をすれば排撃にかかります。いわゆる親日派に対しても意外と冷たいです。しかし、「京都の流儀」では、外来者と距離を置きつつも上手につきあいますし、「変な外人さん」にも温かく接し、上手に彼らを利用しています。

国民に愛国心を求める東京、自然に愛国心が芽生える京都

京都では「愛国心」などという言葉は東京ほどには流行りません。京都人は誰も、日本のことを愛していないとか、日本的なもののよさを身につけていないとか、理解していないなどとは思わないため、声高に愛国心を唱える必要がないからです。京都は日本そのものなのです。

ちょっと「いけず」に京都人的な皮肉をいえば、「よその人が愛国心を持てとか、日本はすばらしい国やとかいわはるのは、よっぽど自信がないんやろか」ということなのです。

教育で愛国心を教えることは差別を生み、戦争につながるという趣旨のことを述べているのは作家の瀬戸内寂聴《せとうちじゃくちょう》氏です。おだやかに日本のよさを教えることはいいことですが、そういう評価を押しつけたり、ましてや子どもが愛国心を持っているかどうかを点数づけしようとしたりなどというのは京都人の理解の外です。

平安京になって国風《こくふう》文化が育っていきますが、それは唐が衰えて政治的にも文化的にも唐を真似るメリットがなくなった結果にすぎないのです。

平清盛は新しい宋の文化を取り入れようとしましたが、鎌倉幕府が成立したため中途半端に終わりました。室町時代には京都に幕府が開かれて明の文化が入ってきました。京都五山などというのはまさに「中国文化センター」だったのです。安土桃山時代になると京都は南蛮寺《なんばんじ》ができるなどヨーロッパ文化の受け入れの中心になりました。

明治以降になっても、京都を含めた関西は東京よりよほど西洋文化を積極的に取り入れてきました。明治初年にあっという間に地域主導で近代的な小学校をつくったことは福沢諭吉《ふくざわゆきち》を驚嘆させ、維新に懐疑的だった福沢を宗旨替えさせるにあたって重要な動機となりました。

食文化ひとつを取っても、牛肉やパンの消費量は関西のほうが関東などと比較にならないくらい多いのです。数字を見るかぎり、「和食」にこだわっているのは東日本の農村部の人たちです。祇園祭の山や鉾《ほこ》が中国やペルシャ、ベルギーなどから来たタペストリーで飾られていることはいうまでもないことです。京都の外国文化の受容が東京などと違うのは、無条件に受け入れるのではなく、自分たちで消化してしまうことでしょう。

しゃぶしゃぶは京都の「十二段屋《じゅうにだんや》」という料亭の主人が、中国で「涮羊肉《シュワンヤンロウ》」という料理に使う中央に円筒形の穴がある鍋を古道具屋で見つけて、それを牛肉に日本風の味つけをして始めたものです。それを京都市長が進駐軍の接待に適しているといって愛好したことで広まっていきました。

韓国焼き肉にしても、関西の在日韓国・朝鮮人たちがホルモン焼きにヒントを得て考案して世界に広まったもので、韓国料理ではなく「韓国風関西料理」です。

自分たちがいちばんだとか、純血主義を守らないといけないなどと肩肘張っていたら進歩しませんし、その結果、その国の力は落ちていくのです。歴史の世界でも「日本は誇るべき歴史を持っている」といいたがる人がいますが、歴史のどの部分を誇るかを選ぶのはそう簡単なことではありません。

日本にかぎらず、自分の国はもともとすばらしい国で、外国から学ぶこともなく、世界のトップランナーであり続けたなどといえる国などないのです。中華思想の権化である中国も、ここ二世紀ほどの不振を認めざるをえませんし、ここしばらくの回復ぶりが西洋や日本の文明を吸収した結果であることは認めざるをえないでしょう。

日本の歴史を振り返って、怪しげな旧石器文化、あるいは縄文文化を自慢する人もいますが、その担い手が現代日本人の先祖の主流だったわけではありませんし、その後、一貫して先進国だったわけでもありません。

日本はこれまで、ある時期に急速に海外から新しい文明を取り入れ、一段落すると内向きになることを繰り返してきましたが、京都はほとんどの時代で海外の文明を取り上げることに熱心な土地柄でしたし、日本の独自性を見失うこともなかったといえるのではないでしょうか。

そうした歴史を踏まえても、国を愛せとか、日本の過去をなんでもかんでも肯定的に取るべきだとか、外国のものを積極的に取り入れるのに否定的になるといったことが、日本のよさを伸ばしていくことにはならないことがわかります。

愛国心を持たなければ国がダメになるという人がいますが、強制されなくても、ごく自然にこの国の社会や文化を好きになれるようにしていくことこそが国づくりの王道であることを、「京都の流儀」は教えてくれるのです。

第五章

本当は言うほどでもない京都の「陰の実力者」

「白足袋族には逆らうな」の虚実

『京都ぎらい』には祇園で遊び、京都市がかけようとした税金に反対して「観光客お断り」のストライキまでやった僧侶や大寺院の話が出てきます。祇園など色街《いろまち》のことも少し出てきます。

京都には昔から「白足袋族《しろたびぞく》」という言葉があります。誰が言い出したかははっきりしません。僧侶、茶人、学者、室町や西陣の織物の老舗の主人など足袋をはいた人たちが隠然たる影響力を持った裏の権力者で、それに逆らうとえらいことになるとされています。そのえたいの知れない巨大な力は東京人にとっても興味があるらしく、もっともらしく裏話をする人もいます。

彼らの力はいい意味でも侮りがたいものですし、なかなか京都で思い切ったことができない理由になることもあります。「そうどすなぁ。そうおっしゃるんやったら、そうと違いますか」といって反論もせず、納得もせずでは糠《ぬか》に釘《くぎ》となります。彼らの持っている力にはそれなりの理屈や背景があるのであって、えたいの知れないものではないと思います。ただ、府庁や市役所や経済界の幹部にとっては手に余る存在であることはたしかです。そのあたりの実像を見ていきましょう。

　その力を一般庶民にも見せつけたのが「古都税騒動」です。一九八五（昭和六〇）年に京都市は財政を圧迫していた文化財保護費を捻出するとして社寺の拝観料に地方税をかけようという「古都保存協力税（古都税）」を導入しました。しかし、清水寺《きよみずでら》や金閣寺、銀閣寺といった観光寺院を怒らせ、拝観料を取らなければ税金も取れないといって拝観を拒否し、結局は廃止に追い込まれました。

1985（昭和60）年に「古都税」問題で
京都市と対立して拝観を停止した清水寺

　この勝負はどうも最初から難しそうでした。というのは、一九五六（昭和三一）年に京都市は「文化観光施設税（文観税）」を実施し、岡崎に京都会館という当時としては立派なホールを建てました。しかし、時限立法であったため、一九六四（昭和三九）年に再び五年の時限立法として対処したのですが、高山義三《たかやまよしぞう》市長は反対する寺社と「将来にわたって同種の税の新設や延長をすることはない」という趣旨の覚書を交わしたのです。私はこの騒動を子どものときに聞きましたが、あの政治力抜群という大寺院との約束を破って説得できる秘策でも市役所にあるのかと思いましたが、そんなものはなかったのです。

私は宗教施設への課税の是非は国の問題で、自治体が独自に取り組むにはなじまないと思います。基本的にはアンチ宗教のはずの左翼勢力が首長の自治体で宗教弾圧のために課税することだってありえます。

寺社が固定資産税などをまったく免除されるのは理にかないません。固定資産税は都市のインフラを整備するためのものです。道路や上下水道のようなインフラは宗教施設にとっても必要です。京都のようにタバコ屋さんより多いといわれる寺社を例外にすると、一般住民にしわ寄せが行きます。しかし、よその都市では非課税なのに課税したり、代わりの税金を取ったりするのは、やはり無理があります。京都でなくとも寺社は地方ボスですから難しいのです。

「お家元」を中心に回る社会

家元というのも京都では大有力者です。室町時代に生まれた三道である、茶、花、香が京都で発展したことが理由です。

裏千家と表千家とどちらがご本家なのかというと単純ではありません。千利休が秀吉によって切腹させられたとき、長男の道安《どうあん》は金森可重《かなもりありしげ》の飛騨高山《ひだたかやま》（岐阜県高山市）へ、利休夫人・宗恩《そうおん》の連れ子で養子になっていた次男の少庵《しょうあん》は蒲生氏郷の会津若松へ逃れました。

その後、道安は九州の細川忠興《ほそかわただおき》のもとに赴き、子孫を残すことなく絶えたため、千家は少庵の子である宗旦《そうたん》が継ぎました。この時代、「きれいさび」流派の小堀遠州《こぼりえんしゅう》（政一《まさかず》）、姫宗和《ひめそうわ》と称された金森宗和（重近《しげちか》）、楽茶碗《らくちゃわん》を育てた本阿弥光悦《ほんあみこうえつ》などがいました。そうしたなかで利休の侘《わ》び寂《さ》びにこだわったところに、千家の息の長い隆盛の基本があります。

宗旦は「不審菴《ふしんあん》」にありましたが、三男の江岑宗左《こうしんそうさ》（表千家）に譲って隠居し、「今日庵」を建てました。その今日庵は四男の仙叟宗室《せんそうそうしつ》（裏千家）に引き継がれました。

これが表千家と裏千家の始まりです。これに加えて早く宗旦から独立していた次男の一翁宗守《いちおうそうしゅ》（武者小路千家《むしゃこうじせんけ》）がのちに武者小路に「官休庵《かんきゅうあん》」を建てたため、併せて三千家と呼ばれることになりました。こういう事情ですから、表千家が主流であることはたしかですが、本家・分家という関係とまではいえません。

明治以降の茶道の家元は朝廷がなくなった京都にあって世襲の伝統保持者として東西本願寺とともに特異な地位を占めています。それぞれの時代にあって明確な目標を持って生き残って作戦を展開してきたこと、女性への普及にいち早く取り組んだことが功を奏しました。

とくに裏千家では、一一代の玄々斎精中《げんげんさいせいちゅう》が幕末から明治にあっていち早く外国人を迎えるための立礼式《りゅうれいしき》の茶礼《されい》を創案しました。一三代の円能斎鉄中《えんのうさいてっちゅう》は女学校教育のなかに茶道を取り入れさせました。一四代の無限斎碩叟は学校や職場における茶道の発展と国際化も進めました。一五代の鵬雲斎汎叟氏はロータリークラブや青年会議所の活動を通じて、茶道の持つ意味を世界平和の実現にまで結びつけるものに発展させています。

発展の過程にあって無限斎および鵬雲斎夫人の役割も大きかったのです。一六代家元の坐《ざ》忘《ぼう》斎《さい》玄黙《げんもく》氏のあと、長男の明史《あきふみ》氏（Chori）が詩人としての生き方を選んだため若宗匠不在の時期が続き、長女の万紀子《まきこ》氏か次男の敬史《たかふみ》氏かと話題になりました。敬史氏が若宗匠としてのお披露目《ひろめ》をしましたが、一五代の鵬雲斎氏のように京都の各界に君臨することはもうないと思います。

「今日庵」でミャンマーのアウンサンスーチー氏をもてなす裏千家の鵬雲斎汎叟氏

　茶道の世界ではプロの師匠が中心になりすぎて、各界の著名人などで茶人として高い境地を開く人がいなくなっていることも心配です。茶道の歴史はそれぞれの時代における一流の政治家、財界人、文化人などからの刺激で発展してきたものです。形を求めるだけのお稽古ごとになってしまっては失うものが多いのではないでしょうか。

華道家元池坊《いけのぼう》は烏丸六角東入《ひがしい》ルにある六角堂頂法寺《ろっかくどうちょうほうじ》という天台宗《てんだいしゅう》の住職です。住坊《じゅうぼう》が池のほとりにあったから池坊といいます。

華道の起源は仏前の供花《くげ》です。室町時代の応仁の乱の少し前ごろに花を上手に生ける住職の池坊専慶《せんけい》がいて評判になりましたが、次の専応《せんおう》が『池坊専応口伝《くでん》』を書き、「天地人《てんちじん》」など朱子学の宇宙観の論理を用いてその美の様式を言語化し、生け花（当時は「立花《りっか》」といった）を教えました。

そんなわけで、後続の流派が「○○流」というのに、池坊は池坊流とはいわないのです。池坊は先祖の伝統を継承しながらも、それぞれの時代を読んで対応してきました。明治維新のときは学校教育や一般大衆に普及しやすい新しいスタイルを開発しています。第二次世界大戦後には自由花《じゆうか》というスタイルを開発して普及しました。そしていまは花を使わない空間のデザインにも取り組んでいます。

華やかな話題が多い家元一家で、四五世の池坊専永《せんえい》氏もいろいろマスコミをにぎわしましたが、家元夫人の保子《やすこ》氏は公明党の衆議院議員にして文部科学副大臣を務めました。池坊家元は天台宗の頂法寺を本拠としますが、日蓮宗《にちれんしゅう》と天台宗は、日蓮が比叡山で修行したことや、法華経《ほけきょう》を重視することから、比較的関係がいいのです。

二人に男子はなく、娘さんが二人いますが、長女の由紀《ゆき》（専好《せんこう》）氏を次期家元に指名して中心的な役割を負わせています。婿の雅史《まさふみ》氏は元大蔵官僚で池坊短期大学の学長です。次女の美佳《みか》氏は葵祭《あおいまつり》の斎王代《さいおうだい》を務めたのち、京都の観光物産の振興でも活躍しています。

「花街」が生き残れた理由

京都には、上七軒《かみひちけん》、祇園甲部《ぎおんこうぶ》、祇園東《ぎおんひがし》、嶋原《しまばら》、先斗町、宮川町《みやがわちょう》の「六花街《ろっかがい》」があります。また、京都花街組合連合会に加盟する嶋原以外の五地区を「五花街《ごかがい》」と呼ぶこともあります。

二〇一四（平成二六）年三月に京都市は「京都をつなぐ無形文化遺産」に「京・花街の文化」を選定しています。花街（かがい、はなまち）は、かつては芸妓屋や遊女屋が集まっている区域で、花柳《かりゅう》とも呼ばれて芸妓や娼妓《しょうぎ》がいましたが、今日では芸妓遊びのできる店がある地域を呼びます。

芸妓はお茶屋に呼ばれて接客のためにさまざまな芸を披露する女性であり、舞妓はその見習いです。舞妓からいかにも少女という「おぼこさ」が消えて大人びてくると、衿替《えりか》えをして芸妓となります。いまは芸妓と舞妓の境目は大人びて見えるかどうかで、芸歴や年齢が基準ではないようです。

この舞妓になる前の見習いを「仕込みさん」といいます。仕込みさんはおおよそ一年間、掃除、洗濯、使い走り、お母さんやお姉さんの手伝いなどの仕事をしながら着物の着付け、行儀作法、花街ことばなどを覚えてお稽古ごとに通います。

このお稽古ごとが芸舞妓《げいまいこ》の本業で、街のお師匠さんに通うのではなく、女紅場《にょこうば》という芸舞妓の学校で稽古を受けます。プロになるための稽古ですから素人のお稽古ごとのように免状をもらって終わりという「卒業」はなく、いつまでも稽古に通うのです。

祇園の女紅場は一八七三（明治六）年に芸妓たちに製茶、養蚕、裁縫、刺繍《ししゅう》などの職能と一般教養科目を教え、遊里《ゆうり》を出ても仕事につける技術を持たせることを目的とした婦女職工引立会社から始まりました。一八八一（明治一四）年には製茶や養蚕の科目を廃して女礼《じょれい》や修身を加えました。現在は祇園甲部歌舞練場《かぶれんじょう》の隣に八坂《やさか》女紅場学園として残っています。

ほかの花街では歌舞練場という名で残っています。女紅場の稽古で必須のものは、舞踊、茶道、三味線、笛または鳴り物です。長唄《ながうた》、地歌《ぢうた》、常磐津《ときわづ》、清元《きよもと》、小唄《こうた》、端唄《はうた》、箏曲《そうきょく》、浄瑠璃《じょうるり》などは好きなものを選ぶようで、これらはいわば選択科目です。能楽、華道、絵画、書画、詩吟などの稽古もあります。

祇園の代表的風景として親しまれている巽橋

京都の春を告げる都《みやこ》をどりは花街の女性たちが劇場で踊るもので、一八七二（明治五）年の京都博覧会のために京都府参事・槇村正直の発案で始まり、大変な人気だったらしいです。現代でもこうした厳しい稽古ゆえに京都の芸妓はお座敷でもさすがということになりますし、東京などのイベントでも大人気です。

舞妓さんが町を歩くと観光客はアイドル並みに興奮します。地方の女性で舞妓さんに憧れて京都にやってくる人もいます。秋田でのイベントに行ったところ、「秋田舞妓」というのをつくったといってお披露目をしていました。すばらしい秋田美人ぞろいでしたが、「京都に行って勉強したの？」と聞いたら、秋田で二週間ほどの研修をしただけとのことでした。

寺社仏閣が見守る京都人の一生

政治信条も何もかも超越した方角好きが京都人にはあります。最初の流行は平安時代にさかのぼり、安倍晴明《あべのせいめい》が活躍して陰陽道《おんみょうどう》が流行りました。陰陽道が流行るとともに、方除《かたよ》けも一種の流行となりました。

これは不都合な相手の訪問を謝絶するときの格好の言い訳になりました。「御物忌《おんものい》みにて」といえば相手は無理強いできません。方位神のめぐりが悪く重なっているため家に籠もっていなければならないという方便です。

平安時代ほどではないにせよ、現代でも北東の方位の鬼門は忌まれます。陰陽道では鬼が出入りする忌むべき方角とされます。ほかの方位神は時節によって移動しますが、鬼門はつねに艮《うしとら》の方角にあります。艮は丑《うし》と寅《とら》の中間で、鬼のシンボルが牛の角と虎の皮のフンドシなのはそのためです。

江戸時代には家の鬼門の方角に桃の木を植えたり、鬼門と反対の方角が申《さる》であることから猿の像を鬼門除けとして祀ったりしました。都の北東にあたる比叡山に延暦寺が置かれたのも、都の鬼門を鎮守するためです。

外出または帰宅のとき、目的地に特定の方位神がいる場合に、いったん別の方角へ行ってから、あらためて帰るのです。

京都には方除けの神がたくさん祀られています。北野天満宮から南西に行ったところにある大将軍八神社《だいしょうぐんはち》は、平安建都の際に大内裏の北西角の天門《てんもん》に星神《つつのかみ》「大将軍《だいしょうぐん》神《しん》」を祀って方位の厄災を解除する神社として創建されました。

近ごろ、歌舞伎役者の片岡愛之助《かたおかあいのすけ》氏と女優の藤原紀香《ふじわらのりか》氏が結婚式を挙げた上賀茂《かみがも》神社は平安京の鬼門にあたるために方除けの信仰を集めました。地鎮祭のときにお札をもらいに行く城南宮《じょうなんぐう》は平安時代末期に白河《しらかわ》上皇が造営した鳥羽離宮の裏鬼門にあたるため、方除けの大社として知られています。

なんの御利益でも探せるのが京都の町です。良縁を願うのならば縁結びの八坂《やさか》神社や貴船《きぶね》神社があります。すでに心に決めた相手があるのならば恋愛成就の地主《じしゅ》神社です。逆に悪縁を断ち切るために縁切りの安井金比羅宮《やすいこんぴらぐう》も人気があります。次の段階には子授けの上徳寺世継地蔵《じょうとくじよつぎじぞう》にお参りし、懐妊が判明すれば安産祈願のわら天神《てんじん》（敷《しき》地《ち》神社）です。梅宮大社《うめのみやたいしゃ》なら子授けと安産の両方を引き受けてくれます。子どもが成長したら、学問の向上を願うのは伏見稲荷《いなり》に隣接する東丸《あずままろ》神社や北野天満宮、芸事上達を願うならば車折《くるまざき》神社、サッカーチームに入ったら蹴鞠《けまり》の神さまの白峯《しらみね》神宮で球技向上を願います。子どもが一三歳になると知恵を授かるために虚空蔵法輪寺《こくうぞうほうりんじ》に十三詣《じゅうさんまい》りです。修学旅行に出かけるときは首途八幡宮《かどではちまんぐう》で旅の安全を祈りましょう。

子どもが一人前になって商売を始めでもしたら伏見稲荷や恵美須《ゑびす》神社で商売繁盛のお願いです。支払いの悪いお客さまがいたら赤山禅院《せきざんぜんいん》に売り掛け回収を願います。家でも建てたら城南宮で鬼門除けの清めの砂をいただきます。ここのお札がないと大工さんがいやがるため、唯物論者の多い共産党支持の人でも迷信だなどといやがらずにお札をもらいに行きます。そして、愛宕《あたご》神社に詣って火伏せの護符を受けます。

「三大祭り」と「大文字」の裏事情

上賀茂社と下鴨社に分かれている賀茂社《かもしゃ》は京都の鎮守です。飛鳥時代から秦氏《はた》が祀っていたものが、平安遷都に際して皇室守護第一の神とされ、賀茂祭も勅祭とされました。これは賀茂社が気象を司《つかさど》る雷神を祀っているところで、鴨川の治水が平安京の第一課題だったからです。

新緑がさわやかな賀茂街道を行く葵祭の行列

賀茂社の例大祭を葵祭と呼んでいます。平安時代の中ごろには行列見物がさかんです。清少納言《せいしょうなごん》は『枕草《まくらのそう》子《し》』で「祭りのころいとをかし」というように、「祭」という言葉は一般名詞であるとともに、京都では葵祭を指す固有名詞でした。

祭りは五月三日の下鴨神社の流鏑馬《やぶさめ》神事に始まり、上賀茂と下鴨の両社に神霊が降臨したところに勅使が御祭文《ごさいもん》を奏上して御幣物《ごへいもつ》を捧げるのが一五日の本祭です。本祭は、宮中の儀、路頭《ろとう》の儀、社頭《しゃとう》の儀の三パートで構成されるのですが、見どころは路頭の儀、すなわち行列です。京都御所から下鴨神社へ、さらに上賀茂神社へと約八キロの道のりを歩きます。

斎王代は神に奉仕する皇族出身の巫女《みこ》や斎王の代理で、京都の老舗の令嬢が選ばれますが、これは一九五六（昭和三一）年からの新しい習慣です。経済界の支持を集めようという意図もあるわけですが、全国的に注目を集めたいなら、ときどき話題となりやすい女性が登場してもいいような気もします。実際に裏千家や池坊の令嬢が登場したときはなかなか話題になりました。観客の少なさも悩みの種で、数万人にすぎません。せっかく内容は立派なのですから、少し残念です。

祇園祭は千年以上の歴史を持ち、全国の山車の出る祭の原型でもあります。起源は平安時代にありますが、今日に近い形になったのは戦国時代です。祭のピークは宵々《よいよい》山《やま》と呼ばれる一五日から山鉾《やまほこ》巡行の一七日にかけてです。週末に合わせるということはないため、山鉾巡行より宵々山のほうが人出の中心になっています。

上：山鉾にあしらわれたゴブラン織が美しい祇園祭
下：祇園祭本番より人気のある宵々山

鉾町の人は山鉾の読み方は「やまほこ」でなければならないといいます。山と鉾を総称して山鉾ですが、「やまぼこ」と二文字目を濁音で読むのは蒲鉾《かまぼこ》のように一体化したものでなくてはならないはずで、山と鉾は別物だから「やまほこ」と読まなければならないということです。写真やニュースで見る背が高いのは鉾です。

山鉾の巡行はもともと前の祭りと後の祭りに分けられてきました。一九六六（昭和四一）年から七月一七日に一本化されていましたが、二〇一四（平成二六）年から一七日と二四日の二本立てに戻されました。

時代祭はその平安《へいあん》神宮の祭礼です。桓武天皇が平安京に入城した日を記念して一〇月二二日に行われます。桓武天皇の延暦《えんりゃく》時代（七八二〜八〇六年）の武官行進列《ぶかんこうしんれつ》と文《ぶん》官参朝列《かんさんちょうれつ》から、幕末までの各時代の大時代絵巻が展開されます。京都御所から出発し、京都所司代《しょしだい》に扮《ふん》した京都市長がオープンカーに乗って先行し、そのあと戊辰戦争の際に丹波山国《やまぐに》（現・右京区京北山国）の青年たちによって結成されて戦った維新勤王隊列の鼓笛隊が先頭を進みます。単純だが懐かしい幕末維新の軍楽が遠くから聞こえることが雰囲気を盛り上げます。

行列の演《だ》し物は幕末から始まって時代をさかのぼり、豊公参朝列《ほうこうさんちょうれつ》、楠公上洛列《なんこうじょうらくれつ》、延暦武官行進列、延暦文官参朝列などが練り歩いていきます。ここで注目すべきは不在の人たちです。ひとつは歴代の天皇たちは畏れ多いから、それに扮した行列などありえません。そしてもうひとつは、逆臣である足利一族ですが、近年、室町時代の風俗を再現した行列が加えられましたが、足利一族は登場しません。新撰組がいないのも当然であります。

時代祭の先陣を切る山国隊の列

　この時代祭には、ときどき地方での時代祭を真似た行列が参加したいと申し込んできますが、決して許されることはありません。行列の衣装の時代考証がちゃんとされていませんし、かけている費用も一桁安い安物だというのが理由といわれます。

お盆に迎えていた先祖の霊を、盆の行事をすませたあとに火とともにあの世に送り返す行事は日本各地に見られますが、京都では五山の送り火が行われます。五山とは、如意ヶ嶽（右大文字）、松ヶ崎西山・東山（妙・法）、西賀茂船山《にしがもふねやま》（舟形）、大北山《おおきたやま》（左大文字）、曼荼羅山《まんだらやま》（鳥居形）を指します。最初に点火する「大文字」がとくに有名なため、五山の送り火を大文字と呼ぶこともあります。

京都では決して「大文字焼《だいもんじやき》」などと呼んではいけないといわれます。呼んだ途端に京都人から冷淡な扱いを受けるでしょう。「大文字焼はどこからよく見えますか？」「さぁー、そんなお菓子は聞いたことおへんなぁー」といわれたりします。井上氏もいうように、戦後の時代には京都人も「大文字焼」と呼んでいたため、私の記憶でもそうです。それを「本来は」などという人がいて、このごろは言論統制が行き渡っています。京都にはこういう復古運動がよく起きるのです。

月	時期	場所	祭り
1月	4日	下鴨神社	蹴鞠はじめ
	8〜12日	恵美須神社	初ゑびす
	14日	法界寺	日野裸踊り
2月	2〜4日	吉田神社ほか	節分祭
	8日	法輪寺	針供養
	初午の日	伏見稲荷大社	初午大祭
	23日	醍醐寺	五大力尊仁王会
3月	14〜16日	東福寺、泉涌寺	涅槃会
	15日	清凉寺	お松明式
	最終土・日	隋心院	はねず踊り
4月	中旬	鞍馬寺	花供養
	第2金〜日	城南宮	方除大祭
	29〜5日	壬生寺	壬生狂言
	29日	城南宮	曲水の宴
	第1日 第2土・日	清凉寺	大念佛狂言
	第2日曜	今宮神社	やすらい祭
	中酉日	松尾大社	中酉祭
5月	1〜4日	千本閻魔堂	ゑんま堂狂言
	3日	下鴨神社	流鏑馬神事
	5日	上賀茂神社	賀茂競馬
	満月の夜	鞍馬寺	五月満月祭
6月	1日	貴船神社	貴船祭
	10日	伏見稲荷大社	田植祭
	20日	鞍馬寺	竹伐り会式
	30日	市内各社	夏越祓
7月	1日	上賀茂神社	御戸代会神事
	1〜31日	八坂神社	祇園祭
	7日	貴船神社	水まつり
	25日	安楽寺	鹿ヶ谷カボチャ供養
	31日	愛宕神社	千日詣り
	土用の丑 前後5日間	下鴨神社	御手洗祭
8月	7〜10日	六道珍皇寺	六道まいり
	8〜10日	六波羅蜜寺	萬燈会厳修
	9日	壬生寺	壬生六斎念仏奉納
	15日	花背八桝	花背松上げ
	15・16日	涌泉寺	題目踊り
	16日	大文字山ほか	五山の送り火
	24日	雲ヶ畑	雲ヶ畑松上げ
	24日	観音堂	広河原松上げ
	24日	志古淵神社	久多花笠踊
	25日	吉祥院天満宮	吉祥院六斎念仏
9月	第1日	松尾大社	八朔祭
	8・9日	上賀茂神社	烏相撲と重陽神事
	15日	本能寺	放生会
	21〜23日	今熊野観音寺	四国八十八ヶ所 お砂踏法要
10月	1〜5日	北野天満宮 御旅所	ずいき祭
	上旬	御香宮神社	御香宮神幸祭
	体育の日 の前日	秋元神社	赦免地踊
	19〜20日	恵美須神社	ゑびす講
	22日	京都御所、 平安神宮	時代祭
	22日	由岐神社	鞍馬の火祭
	第3日	即成院	二十五菩薩 お練り供養
11月	1日	護王神社	亥子祭
	3日	城南宮	曲水の宴
	22日	広隆寺	聖徳太子御火焚祭
12月	7・8日	千本釈迦堂	大根焚
	8日	針神社、法輪寺	針供養
	9・10日	了徳寺	大根焚
	13〜31日	六波羅蜜寺	かくれ念仏
	31日	八坂神社	をけら詣り

図表5　京都のお祭りカレンダー

第六章

本当は日本の中心であるべき「京の都」

京都は現在も日本の首都であろう論

「天皇さんは『ちょっと行ってきますわ』というて関東へ行かはっただけで、いつか戻ってきゃはるはずや」と京都人は好んでいいますし、東京の人も「皇室には京都にお帰りになっていただければいいと思いますよ」と気楽にいってくれます。

そうした議論については、『京都ぎらい』でも取り上げられています。

①皇族が行幸啓で京都にお見えになると、洛中では警備が厳重になってうとましく、洛外では郊外の治安維持がおろそかになるため、必ずしも歓迎ではない。東京で皇室は京都に帰ったらという人の本音も、都心の警備が厳しいのがいやだということにあるのではないか。

②京都では、東京遷都は正式に宣言されていない仮のものであり、皇居は行在所《あんざいしょ》のようなもので、いつか戻ってこられるという人がいるが、そんなものは離婚届が出ていないからという理由で新しい伴侶とたしかな暮らしをしている夫に未練を残す元妻のようなもの。

以上が要点ですが、彼の斜交いな京都論の多くの指摘がまったく見当外れでもないのに京都人からスルーされてしまうのに比べて、このあたりは、むしろ京都のインテリにとっては標準的な見方のような気がします。ただし、警備のことはナンセンスです。それを言い出したら、皇室にかぎらず、あらゆるVIPには来てほしくないということになりますし、お祭りやスポーツイベントも迷惑このうえないものです。

祇園祭のときは多くの道路が山鉾で占領されて何日間も通行止めになります。それよりひどいのは京都マラソンで、わが家は陸の孤島化し、自宅で親が寝たきりだったときにはマラソンのせいで救急車が遅れたら恨むぞという気分でした。

最近のVIP警備は技術の進歩によってそんなムダな制約をしませんし、京都府警はVIP警備を前提に体制を整えているのですから、普段はよその府県より充実した治安維持ができるようになっているといえます。天皇行幸の準備のときのチェックで悪い人が捕まって安全になるともいえます。

それに対して、②についてはもう少しよく考える必要がありますが、ひとことでいえば、一八八三（明治一六）年に東京を都にするが、即位などの儀典は京都で行うということで決着がついたはずの話なのです。それを忘れているから話がややこしくなるのです。

なし崩し的だった東京遷都と京都御所の保存

王政復古の実現は、皮肉にも歴史的に朝廷の威光が十分に行き届いていない関東の人心を掌握するためには天皇みずからが関東に住む必要があるという理由で東京に遷都するということになりました。そして、皇室や公家、さらには御用達の商人や職人などの多くも東京に移住する結果になりました。

近代化＝西洋化を積極的に進める手本として、皇室の衣食住も儀式や行事の多くも大胆に洋風化されました。明治宮殿は壮麗な洋館となり、和室は設けられませんでした。天皇と皇族の礼服はほとんど洋装とされ（祭礼には和装）、宮中の宴会ではフランス料理が採用されました。

東京遷都はとくに正式な宣言をすることなく、なし崩し的に行われたため、首都東京の誕生日もありませんし、いつから京都が都でなくなったかは判然としません。

王政復古にともなって朝廷と幕府の機能を引き継いだ太政官《だじょうかん》や、皇室や公家たちまでもが東京に移り、京都市域の人口は約三〇万人から約二四万人弱に減少したといわれます。「みやこ」でなくなった京都の扱いは政府にとっても頭痛の種でした。さまざまな意見があって、なかには財政難を解消するためにも御所を廃止し、売却して田畑にするという案まであったほどです。

こうした宙ぶらりんの状態に終止符を打ち、京都に広い意味での首都機能の一部を分担させることで決着をつけたのは明治天皇と岩倉具視の意向でした。明治天皇は格別の愛着を京都に持たれ、晩年にあっても「もし許されるなら譲位して京都に戻りたいと」おっしゃったといわれるほどですし、その御陵を伏見桃山城の跡に設けるように指示されたほどですが、すでに孝明天皇十年祭に行幸されたときから「廃堕の状」を憂慮されていました。

右大臣《うだいじん》として新政府の最大実力者だった岩倉は一八八三（明治一六）年一月に「京都皇宮保存ニ関スル意見書」を建議し、「宮闕《きゅうけつ》（引用者注・宮殿）ヲ保存シ民業ノ衰徴ヲ挽回《ばんかい》スルニハ諸礼式ヲ興シ他国ノ士民ヲシテ屡《しばしば》此地《この》ニ出入セシムル方法ヲ設クル」べきだとして、いくつかの提案を行いました。

それを受けて、同年六月に「即位礼及び大嘗会《だいじょうえ》の如き盛儀あるに当たりては、西京《さいきょう》（京都）の大内《だいだい》（御所）に於《お》いて施行せらるべき」ことが勅定され、一八八九（明治二二）年制定の「皇室典範」第十一条においては「即位ノ礼及大嘗祭《だいじょうさい》ハ京都ニ於テ之《これ》ヲ行フ」と明記されました。

ここで重要なことは、こうした決定がなし崩し的に行われた東京遷都を確定させるために東京と京都に首都機能を分担させ、京都の経済的な発展を明確な目的として意識して下されたものだということであり、東京が首都であるかぎりは動かすべからざる性格のものだということです。

岩倉らの努力が実り、京都御所を保存するとともに、その周囲にあった公家の屋敷などは買い上げて撤去し、石塁で囲むとともに公園化することとなりました。また、桂離宮、修学院離宮、さらに一時は二条城も離宮とされ（一八八四＝明治一七年〜一九三九＝昭和一四年）、宮内庁によって維持されることになったのです。

京都で行われた大正天皇、昭和天皇の即位の御大典

京都での即位礼や大嘗祭の実施は、サンクトペテルブルクへの遷都後もモスクワで戴冠式が行われているのにヒントを得たもので、即位礼と大嘗祭を京都で行い、そのことで世界から賓客を迎えて京都をアピールしていこうということが決められました。

この際に即位礼は京都御所紫宸殿《ししんでん》、大嘗祭は仙洞《せんとう》御所跡地、招宴は大正時には二条城、昭和時には現在の京都迎賓館の敷地となっている場所で行われました。こうして京都はいわば首都機能の一部を分担することとなり、限定的ではありますが、宮廷文化を維持、再生産する地としての性格を維持することができました。

実際に大正と昭和の御大典は国家的事業として行われ、京都はそれを機会に国際的な観光都市としてのインフラの整備に成功し、伝統産業の振興にも多大な効果があったのです。

昭和と大正の即位礼と現在の京都迎賓館での即位礼の実施は旧皇室典範で定められていましたが、戦後の改正でその条文が削除されました。そのことが東京での実施を意味するものではなかったはずですが、京都で実施するとすれば必要な準備がされて

いなかったため東京で行われました。

京都御所紫宸殿にある高御座《たかみくら》は解体されたうえで東京に空輸されて使用されましたが、御大典の終了後は再び京都に戻されています。京都御苑《ぎょえん》の広大な空間は即位の御大典の実施を前提に確保されたものですが、東京での御大典の実施で本来的な意味を失っていました。

大正天皇即位の御大典において仮設の饗宴《きょうえん》会場が建設された跡地に、京都の王朝文化の雰囲気を取り入れ、京都の伝統産業の粋を集めた京都迎賓館が建設されて世界各国からＶＩＰを迎え、京都の宮廷文化の一端に触れていただけているのは意義深いことです。

明治宮殿の内装やそこで使われた道具などの多くは京都で製作され、伝統産業にとって大きな励みになりました。西陣織については一八六九（明治二）年に明治天皇の御東幸《ごとうこう》御下賜金から三万円を貸し付けて西陣物産会社を創立したのを皮切りに、ジャガード織機の導入などによって近代化への援助が行われて成功しました。つまり、国、府、市による技術革新などへの援助を受けるとともに、高い趣味を持った一般人に市場を広げて維持されてきたのです。

東京遷都によって宮廷に関連する行事は、一部は京都に残されましたが、東京に移されたり、廃絶したりしたものが多くあります。即位礼のように、京都で行われていたが、平成の即位に際しては東京で行われたものもあります。これらの行事が継続したり復興したりして、それが本来は京都という舞台で行われるのが最もふさわしいものであることは、いうまでもないでしょう。

かつて京都における皇室の活動を維持したことの動機は、それが京都という土地で行うことによって、より意義深いものになるだろうということと、都でなくなった京都の経済的な救済策としてであったという点は重要です。この問題の今後を考えるうえでも、そうした動機をつねに原点として意識し続けることが適切でしょう。

宮廷文化こそが本物の「クールジャパン」である

このところ、京都の町は色彩的に墨をかけたような薄汚れた色になっています。これは「侘び寂び」の世界で、禅宗と密接な関係があり、戦国時代以降にもてはやされるようになったモノカラー的な世界です。こうした美意識は明からの輸入文化が淵源《えんげん》ですが、日本人の質朴さを好む国民性に合致して根づいたものであります。「侘び寂び」の世界もまた京都が生み育ててきたものですが、それだけにこだわりすぎることは、美しい四季の色彩に満ちあふれた日本と京都という土地の可能性を封じてしまうことになりかねないのではないでしょうか。

歴史的にも中世末期になって始まったものであり、「雅《みやび》」の世界といわれる色彩的な華やぎがある宮廷文化の美意識のほうが、平安時代から正統的な美の規範であると意識されてきたものなのです。屋根の色ひとつとっても、檜皮葺《ひわだぶき》のような明るい色のほうが京都にはふさわしいと思うのです。

いま、「クールジャパン」ということがよく語られます。世界史を振り返ると、政治や経済の分野での繁栄が成熟期に達したのちに、その国の文化にスポットが当てられるようになることが習いです。

クールジャパンにヒントを与えたのはクールブリタニアであり、大英帝国の最盛期の蓄積を生かした歴史観光や文化産業の展開がおおいに注目されたところです。かつて観光や文化といったものはイギリスが得意とする分野ではありませんでしたが、現在では経済を支える強力な武器になってきているのです。

日本では明治時代や昭和のはじめ、戦争直後には観光や日本的な文化を売り物にして外貨を稼ぎたいという政策が取られたことがありますが、高度経済成長で産業の競争力が強くなると、そういう問題意識はなくなってしまいました。昨今ではアジア諸国の追い上げによって先端産業の優位が崩れるなかで、伝統的なものも含めた、文化の力を生かした創造的文化産業というべきモノやサービスへの期待が大きくなっています。

そうした傾向を後押しするために、日本の魅力を積極的に意識して開発し、知らし

春の一般公開でにぎわう京都御所

めていこうという運動がクールジャパンなのですが、そのなかで最も注目されているのは、いまのところ、秋葉原《あきはばら》やアニメの世界に代表される新しい日本文化です。

しかし、イギリス文化の魅力が評価されるようになったときも、ビートルズやミニスカートなどだけが世界に受け入れられたのではなく、中世以来の騎士道の伝統、絢爛《けんらん》たる歴史絵巻を演出するロイヤルファミリーの存在、山高帽《やまたかぼう》と蝙蝠傘《こうもりがさ》を持ったジェントルマンたちの生活、よく手入れされた田園風景やそこでの生活の魅力といったものの存在が、若い国であるアメリカとはひと味違ったイギリスの魅力となっていたのです。

日本の伝統文化として世界によく知られるのは武士道です。武士道というものは江戸時代に明確に意識されたことはなく、明治になって新渡戸稲造《にとべいなぞう》らの努力によって騎士道に似たものが日本にあるとして体系化され、世界に紹介されたものです。

武士道は禅の思想などによる独特の人生観を持った神秘的な文化として世界的に人気がありますが、西洋では「ハラキリ」に代表される残忍さや、「切り捨て御免」など過酷な庶民への支配といったマイナスイメージと一緒に捉えられていることもないわけではありません。東洋では儒教的な文治主義に対する武断主義による支配が否定的に受け取られることもあります。

そうしたことも考慮すれば、日本の支配層が伝統的にずっと武士だったというイメージは、平和を愛する国という国家イメージを発するにあたってマイナスになりかねない危惧もあります。

そういう観点からも、江戸を中心とした武家の文化に対して、京都の宮廷を中心にしたもうひとつの雅《みやび》やかでやさしい文化があるということを発信することは、国家戦略上も重要な意味を持つものなのです。

独自文化をかたちづくった箱庭的景観

現代のポップカルチャーに通じる江戸の庶民たちの粋な世界、上方《かみがた》の商人たちが演出した躍動感あふれる華麗な町人文化、勤勉で粘り強く自然とともに生きた農民たちの素朴な文化なども、日本の伝統文化の魅力をかたちづくっている重要な要素であります。

しかし、どこの国でもそうであるように、洗練された文化を発展させていく原動力として、国家中枢にある人々とその周辺で育った文化の役割はやはり大きなものであり、その頂点にあった京都の宮廷文化の重要性には格別のものがあります。

そうした重要性にもかかわらず、京都の宮廷文化については、国際的にはインテリのあいだでの認知にとどまっており、武士の文化ほど明確な形で日本の魅力として意識されていないのが現状です。

京都ならではというものを考えると、ひとつは三方を山に囲まれた箱庭的景観であり、もうひとつは京都御所を中心に花開いた宮廷文化ではないでしょうか。宮廷文化は四季折々それぞれに鮮やかで、繊細な美しさに満ちた魅力的な姿を示す京都の自然に育まれたものです。

京都の冬は厳しいですが、何カ月も雪に閉ざされるわけではありませんし、夏の日中における暑さは格別ですが、朝夕は涼しく、台風も来れば洪水も起きますが、すべてをなぎ倒すような激しさはありません。

色合いも含めてすべてが繊細なのです。宮廷文化に近い意味で使われるものに「王朝文化」という言葉がありますが、これは平安時代に貴族社会で花開いた文化を指すことが多いのです。

平城京や平安京は中国の長安の都を模して建設されたものですが、とくに山紫水明《さんしすいめい》の地である平安京においては、四季折々の季節が織りなす特異性のある気候風土が生かされて個性が育まれ、国風文化が成立し、発展していきました。

そこでは、ものを大事にし、循環型社会の発想にも通じるような感覚が生かされてきました。上品で優雅なことが徹底して追究されましたし、ときにはきらびやかな豪華さも適度に取り入れられた「雅」の世界が展開されました。

王朝文化の伝統に禅の文化や南蛮文化が取り入れられて、「黄金の国ジパング」と呼ばれるのにふさわしい桃山文化が栄えました。西洋ではルネサンスと大航海の時代であり、京都や伏見を舞台に花開いた桃山文化は世界的な時代精神の先端を示すものでありました。

徳川家康が幕府を開いたのは伏見においてでしたが、二代目の秀忠は江戸にあって将軍となり、このときから江戸を中心とした武家の文化と京都の公家の文化は別の発展を始めました。京都では平安時代やそれ以前への復古が意識的に目指されることとなりました。

京都や大坂の豊かな商人たちの生み出した町人文化も宮中の文化と互いに影響を与え合いました。その最初の成果は後水尾上皇の周辺で発展した寛永文化で、本阿弥光悦や呉服商出身の尾形光琳《おがたこうりん》などによる琳派がその象徴的存在でした。

源氏物語にルーツがある琳派は宮廷文化に強い憧れを示した町衆の文化で、京都の生活文化と結びついたものですから、『古今和歌集』や能など高いレベルの宮廷の文化を身につけた人々の豊かな財力と知力でつくられたものです。

そこでは平安文化の典雅、室町文化の幽玄、桃山文化の豪奢《ごうしゃ》が渾然一体《こんぜんいったい》となった魅力を発揮しました。現代において雛人形《ひなにんぎょう》で表現されている世界です。祇園祭の屏風飾りや風呂敷などにもその伝統は受け継がれ、宮廷文化を庶民が引き継いで育てた文化として、これこそクールジャパン、ジャポニズムの原点といってもいいものです。

京都は「古都」であっても「故都」であってはならない

かつて宮廷で行われていた各種の行事を復活していくことは、宮廷文化に再び脚光を当てるためにも不可欠であろうと思います。これらが新しくつくったものではなく、文書《もんじょ》などから正確に再現した儀式として、望ましくは皇室の方々による主宰や参加を得て、京都御所を舞台にして復元されていけば理想です。

それを外交使節やテレビなどに広く公開し、できれば一回かぎりでなく、毎年時期を決めて行えれば理想的であります。とくに文化の日はもともと明治節（明治天皇の誕生日）でもあり、京都御所での行事にふさわしいかもしれません。

葵祭が宮中の儀を省いたり、斎王に代わる斎王代を立てたりする工夫のもとで行われる形や、三船祭《みふねまつり》や曲水《きょくすい》の宴《うたげ》のように市民ボランティアの協力を得て行われているような形もありえます。宮廷の儀式や有職故実《ゆうそくこじつ》は千年の歴史を表す貴重なものであり、人の目に触れない秘儀も多いため、資料と専門家の力できちんとした儀式のあり方が研究されるべきでしょう。

宮廷の装束や調度品は、江戸時代から現代の迎賓館にいたるまで、すべて当世最高の人の手による伝統工芸品で、再現することによって伝統工芸にも貢献でき、儀式を通じて日本人の価値観を外に発信することもできるでしょう。

宮廷行事を復興する場合、平安時代の形を求めるのか、人々の意識に残っている江戸時代にその時代的な趣向を取り入れる形で復興したものによるのかも議論の対象となるでしょう。バッキンガム宮殿の衛兵交代にヒントを得たような新しいデモンストレーションを創設することなども議論すべき課題です。

成熟社会にあって「下山の思想」という人もいます。人生にあっては過去の蓄積を少しずつ消費しながら、あくせくせずに、楽な気分で過ごすのは心地よいことです。しかし、京都が落日の夕日を心地よく楽しむような存在であることを肯定してはなりません。

ひとつの地域や国にとっては、そんなことではご先祖にも子々孫々にも申し訳ないことです。私は京都には過去の遺産を食いつぶすだけでなく、新しい価値を創造していく能力も責任もあると思います。新しい若者文化でもそうですが、京都文化の本流である宮廷文化に新しい生命を与えることはとても大事なことです。

京都が本当の意味での「都」であるためには、「古都」であっても、決して「故都」になってはいけないのであって、「白足袋族」や市民によって再現されるものだけでなく、本物の宮廷行事が御所を中心に行われ、それが日々進化されていかなければならないと思うのです。

おわりに

日本でいちばんよく知られた町は東京です。世界経済の中心都市のひとつであり、世界第三の大国の首都であり、二度目の夏季オリンピックが二〇二〇（平成三二）年に開かれます。しかし、その次はどこかといえば、なかなか難しいのです。

大阪の地位は低下するばかりですし、港町の横浜《よこはま》や神戸は航空機の時代になって地盤沈下。札幌や長野の知名度はウインタースポーツがさかんな国のみ。

そして京都は欧米のインテリにはよく知られていますが、大衆レベルではもうひとつでした。しかし、訪日観光客の増加にともなってようやく真価が認められ、世界的な観光地としての名声が確固たるものになりつつあるのはめでたいことです。それにともなって「京都学」が世界的な関心事になっていけば、さらに斬新な京都の魅力が発見されてくるだろうと楽しみにしています。

本書の内容は私自身が長年、それぞれの時期に、それぞれ違う立場で京都人を観察しながら見聞きしたことや、いろいろな場で議論したり書いたりしてきたことがベースです。そのため参考文献を具体的に挙げるのは難しいのですが、引用した場合にはそれぞれの箇所で触れ、石田梅岩については城島明彦《じょうじまあきひこ》現代語訳『石田梅岩『都鄙問答』』（致知《ちち》出版社）、老舗の家訓については足立政男《あだちまさお》著『老舗の経営法とモラロジー』（広池《ひろいけ》学園出版部）を参考にさせていただきました。

また、拙著のうち、京都のシンクタンクＣＤＩとの共著『京都の流儀：人生と仕事を豊かにする知恵』（ＰＨＰ研究所）、『京都人も本当のことを知らない京都のナゾ？意外な真実！』（日本実業出版社）の内容もベースにしています。

編集作業をジャーナリストの清原勇記《きよはらゆうき》さん、内容全般のチェックをＣＤＩの疋田正《ひきたまさ》博《ひろ》さん、京言葉のチェックを亀谷啓子《かめたにけいこ》さんにご協力いただきました。そしてイースト・プレスの畑祐介さんに大変お世話になりました。あらためて御礼を申し上げます。

八幡和郎

イースト新書
076

誤《ご》解《かい》だらけの
京《きょう》都《と》の真《しん》実《じつ》

2016年12月15日　初版第1刷発行

著者
八《や》幡《わた》和《かず》郎《お》

発行人
木村健一

編集
畑祐介

発行所
株式会社
イースト・プレス
〒101-0051
東京都千代田区神田神保町2-4-7 久月神田ビル
Tel:03-5213-4700 Fax:03-5213-4701
http://www.eastpress.co.jp

装丁
木庭貴信+角倉織音
（オクターヴ）

本文DTP
小林寛子

印刷所
中央精版印刷株式会社

ISBN978-4-7816-5076-0